Das 4x4 des Lebens

Stefan Vahldieck
Dennis Tjoeng
Sebastian Dietz
Markus Opalka

Bibliographische Information der Deutschen Nationalbibliothek:

Die Deutsche Nationalbibliothek verzeichnet diese Publikation in der Deutschen Nationalbibliographie; detaillierte bibliographische Daten sind im Internet unter http://dnb.dnb.de abrufbar

Das 4x4 des Lebens

ASV Verlag, Bochum

Herstellung: BoD – Books on Demand, Norderstedt

Covergestaltung: André Sendel

ISBN: 978-3-9817971-2-1

Erstauflage 2018

Inhalt

Zeit für Werte

Nach der Veröffentlichung meines Buches „Werte schaffen – Werte schützen", welches als Finanzratgeber gedacht ist, habe ich viele Diskussionen über Werte geführt. Ist ja auch logisch, wenn man so ein Buch schreibt, dass man dann über Werte spricht.

Die meisten Gespräche beginnen eher verhalten, denn mit dem Thema „Werte" kann kaum jemand spontan etwas mit anfangen. Erst im Gesprächsverlauf wird den Menschen bewusst, was ihnen die ganze Zeit vor der Nase liegt, was sie täglich leben, wovon sie träumen, worüber sie auch mit ihrem engsten Umfeld sprechen.
Wir sind uns unserer Werte gar nicht mehr bewusst und erst recht nicht, wie unser Selbst-wert-gefühl und unser Selbst-bewusst-sein mit diesem doch sehr philosophisch angehauchten Thema verstrickt sind.

Kaum jemand nimmt sich Zeit, mal intensiv über seine persönlichen Werte nachzudenken. Was soll ich mit Werten? Was kann man darüber besprechen? Wieso will der ein weiteres Buch über Werte schreiben, wo er doch schon über Geld-Werte geschrieben hat. Oftmals wird erst in der Diskussion klar, wie wichtig Werte für uns sind.

Über die in „Werte schaffen – Werte schützen" beschrieben Werte möchte ich in diesem Werk nicht näher eingehen, sondern Dir den Kern unseres Wertesystems zeigen und wie

Du mit dem Bewusstsein von diesem System einen neuen Blickwinkel auf Dein vorhandenes Wertesystem, welches unbewusst in jedem von uns schlummert, werfen kannst. Dieses Buch bringt die wesentlichen Werte des Lebens, die vier Lebenswerte, dahin, wo sie hingehören: In den Fokus unseres Tuns und Schaffens, in unserem Sein und Sinn.

Doch keine Angst, ich möchte Dich nicht mit schwierigen Gedanken und erst unklaren Zusammenhängen, die erst nach und nach aufgelöst werden, langweilen, sondern ich möchte Dir auf leichte Art zeigen, wie einfach man sich dem Thema Werte nähern kann, ohne Philosophie studiert haben zu müssen – habe ich ja schließlich auch nicht gemacht.

Nimm Dir ein wenig Zeit, um zusammen mit diesem Buch über Deine Werte nachzudenken. Wozu nutzen wir denn die uns zur Verfügung gestellte Zeit eigentlich? Vor einiger Zeit habe ich im Stern diese Auslistung gefunden:

Nehmen wir an, der Durchschnittsmensch hat 80 Jahre seines Lebens Zeit zur Verfügung. Davon verschlafen wir schon einmal 24 Jahre und 4 Monate.

Ganz am Anfang steht der meiner Meinung nach größte Zeitfresser: 12 Jahre verbringen wir Zeit mit Fernsehen – das ist heftig oder? 12 Jahre unterhalten wir uns, davon gehen 2 Jahre und 10 Monate für Tratsch, Klatsch, Witze, Blödsinn, und Nonsens drauf. 8 Jahre arbeiten wir, 5 Jahre widmen wir uns dem Essen, 2 Jahre und 6 Monate verbringen wir mit

Autofahren und 1 Jahr und 10 Monate mit Aus- und Weiterbildung.
1 Jahr und 7 Monate treiben wir Sport, 1 Jahr und 6 Monate betreiben wir Körperpflege, 1 Jahr 4 Monate ist dem telefonieren gewidmet, 1 Jahr suchen wir nach verlorenen Dingen. 16 Monate putzen, 12 Monate Kino, Theater, Kultur, 9 Monate waschen und bügeln.
Das schmerzvollste: nur 9 Monate spielen wir mit Kindern, wogegen 8 Monate unerwünschte eMails gelöscht werden. 6 Monate verbringen wir auf dem Klo, 4 Monate spielen wir am Computer, 3 Monate sitzen wir in Vereinssitzungen, Kneipen oder beim Arzt, 2 Wochen beten wir.

Denkst Du nicht auch, dass wir mal 3-4 STUNDEN Zeit für unsere Werte und deren Definition investieren sollten? Wir machen so viel Blödsinn, nutze die Chance, etwas nachhaltig Sinnvolles zu tun und zu gestalten!

Nach dem Gespräch über die Lebenswerte und die persönlich wichtigen Werte, die bei jedem anders gewichtet sind, stellt sich in der Regel bei meinen Gesprächspartnern das Gefühl von „etwas geschafft haben“ oder „etwas ist klarer geworden“ ein. Ich würde mir wünschen, dass Dir dieses Erlebnis bei der Lektüre dieses Buches ebenfalls widerfährt- genieße es.

Die 4 Lebenswerte

Johann Wolfgang von Goethe sagte einst, dass man die Bereiche Berufung, Beziehung, Finanzen und Gesundheit in Einklang bringen muss, um ein glückliches und erfülltes Leben zu führen.

Er selbst war ein perfektes Beispiel für die richtige Mischung. Die meisten kennen ihn als großen Dichter und Denker, aber er war viel mehr als das: Er war Anwalt, Beamter und später Finanzminister am Hofe des Herzogs Sachsen-Weimar, Leiter des Hoftheaters. Neben seiner privaten Tätigkeit als Schriftsteller war er ein großer Büchersammler, ein eifriger Briefeschreiber, ein Gartenexperte (er hatte gleich 2 große Gärten zu bewirtschaften), Mineraloge, Künstler, Musiker und Farbentheoretiker. Er hielt Kontakte zu den wichtigsten Persönlichkeiten seiner Zeit, stand im regelmäßigen Schriftverkehr mit den großen Geistern und gründete elitäre und literarische Zirkel, war Freimaurer und Philosoph. Er besaß Immobilien und investierte in die Landwirtschaft. Er hatte eine Familie und einen sehr großen Freundes- und Bekanntenkreis – und er hat, nach den damaligen Möglichkeiten, die Welt gesehen! Er war ein vielbeschäftigter Mann, ein Universalgenie, wie man heute sagt. Er hat es verstanden, seine Baustellen in den Griff zu bekommen und in allen seiner zahlreichen Aufgabenbereiche sein Bestes zu geben – vieles davon gehört heute zum Weltbesten. Er starb im hohen Alter als glücklicher Mann nach einem spannenden, erfüllten Leben.

Was ist das Geheimnis, dass unser Leben zu einem erfüllten und glücklichen Leben macht? Gleichzeitig kann man sich auch die große Frage nach dem Sinn des Lebens stellen. Beide Fragen sind sehr eng miteinander verbunden.

Ich stand einmal im Stau, saß im Auto mit einem guten Freund zusammen und er regte sich fürchterlich über diesen Stau auf. Ich meinte flapsig, dass wir ja die Zeit überbrücken können um über den Sinn des Lebens zu philosophieren. Mein Freund, ein Ingenieur, starrte mich an und sagte: „Evolution. Erhalt der Menschheit. Das ist der Sinn des Lebens." Das würde bedeuten, fragte ich nach, dadurch dass wir beide Väter sind, haben wir unseren Job gemacht und könnten abtreten. Das wollte er dann auch nicht. Wenn Evolution nur der Sinn unseres Lebens wäre, was unterscheidet den Mensch dann vom Tier?

Also, da muss noch viel mehr hinter stecken, und ich liebe es, mich in den Gedanken über diese Frage zu verlieren. Aber damit möchte ich Dich gar nicht aufhalten.

Grundvoraussetzung für ein solch erfülltes und glückliches Leben ist eine tiefe, innere Zufriedenheit und ein gutes Gewissen. Beides erreichst Du mit einer entsprechenden Lebensführung. Du erreichst diesen Zustand, wenn Du Dich mit den Lebensbereichen, den Lebenswerten, die Goethe aufgezählt hat, beschäftigst und Dich entsprechend mit Deinem Selbstwert auseinandersetzt.

Was bist Du Dir selbst wert?

Was bist Du Deinem Arbeitgeber oder Deiner Familie wert? Der eigene Wert ist nicht wirklich messbar. Wenn es etwas Wertvolles gibt, dann ist es doch wohl das eigene Ich, oder?

Komischerweise gehen wir mit unserem Ich oftmals nicht gut um. Wir wissen von vielen Dingen, die wir tun, die im Prinzip nicht gut für uns sind, und dennoch tun wir sie. Wir berauben uns somit unseres Selbstwertes.

Wir essen eine Tafel Schokolade komplett in 3 Minuten auf, obwohl wir wissen, dass das nicht gut ist. Wir sitzen abends auf dem Sofa und spielen mit unserem Handy, schauen gleichzeitig fern und der Partner sitzt am Lap Top. Tut uns das etwa gut? Sind die Informationen, die man dort konsumiert, so wertvoll dass man Freizeit opfert? Wir arbeiten 13 Stunden am Tag, obwohl wir in unserem Job nicht glücklich sind. Wir bewegen uns in Kreisen, obwohl uns die Menschen dort herunter ziehen. Glaubst Du, dass das gut ist für unser Selbstwert?

Das Selbstwertgefühl ist etwas, was nicht einfach da ist – es entwickelt sich und ist Veränderungen und Anpassungen unterworfen. So wie sich Selbstwertgefühl und das Selbstbewusstsein mit dem Heranwachsen bilden, so kann es sich auch zurückentwickeln, wenn man zum Beispiel bei der Partnerwahl die falsche Entscheidung trifft und untergebuttert wird. Dann kann es passieren, dass das Selbstwertgefühl leidet und im schlimmsten Fall ganz zerstört wird. Oder falls man einen Chef hat, der das Selbstwertgefühl mit Füßen tritt.

Das Selbstwertgefühl muss auf Grund von Veränderungen immer mal wieder aufgebügelt werden. Das Leben ist ja das, was zwischen den Planungen geschieht. Egal, ob man nun eine glückliche Beziehung oder einen tollen Chef hat, gibt es immer irgendwelche Momente, wo der Selbstwert in den Keller geht. Menschen mit Depressionen haben in der Regel ein niedriges Selbstwertgefühl. Sie wirken auf ihr Umfeld meistens nur ruhig und traurig, aber im Innern brodeln Selbstzweifel und machen das Selbstwertgefühl klein und mickrig. Viele Menschen verlieren ihren Selbstwert komplett und was macht man mit einer Sache, die nichts mehr wert ist – wegwerfen. Die Selbstmordrate in Deutschland ist immer noch viel zu hoch, die Psychotherapieplätze sind auf Monate ausgebucht, Wartelisten liegen parat. Kommen die Zahlen von Drogentoten, Sterbefälle durch Alkohol- und Tabakmissbrauch hinzu, wird's einem schwindelig.

Suchtverhalten ist auch ein Ausdruck von geringem Selbstwert. Als ich 14 oder 15 Jahre alt war, begann mein Umfeld zu rauchen, weil es cool war. Dazugehören war wichtig, weil sehr wahrscheinlich das Selbstwertgefühl leidet. Ich persönlich habe mich dagegen gewehrt, da ich eine Abneigung dem Rauchen gegenüber habe. Folgerichtig gehörte ich auch bald nicht mehr zu denen, mit denen man sich gerne getroffen und seine Freizeit gestaltet hat. Zunächst nagt das auch am Selbstwertgefühl, doch wenn man erst einmal erkennt, welchen Gefallen man sich mit dieser Haltung getan hat, ist alles schnell vergessen – und ein neuer Freundeskreis gefunden, in dem man aufgenommen wurde, auch wenn man nicht raucht.

Die Zahl von Menschen, die eine Form von Problemen hat, ist immens groß. Ob nun Depression oder Drogenkonsum, ob Mobbingopfer, ob sexuell belästigte Menschen, alle diese haben einen Knacks im Selbstwert, obwohl sie in vielen Fällen gar nicht für ihre Situation verantwortlich sind. Auch wenn man nicht zu extremen Fällen von hilfebedürftigen Menschen gehört, ist bei vielen das Selbstwertgefühl unterentwickelt, was nicht böse gemeint ist. Bei sehr vielen Menschen kann das Selbstwertgefühl noch einen großen Schritt nach vorne machen.

Dass es nicht ständig auf einem sehr hohen Level zu halten ist, ist auch verständlich – aber je länger man am Selbstwertgefühl arbeitet, desto leichter fällt es jemandem, es in annähernd perfekte Zustände zu erheben.

Es gibt Tricks und Kniffe, das Selbstwertgefühl immer wieder aufzupolieren.

Zunächst muss man ein Bewusstsein entwickeln, dass man sich selbst das wertvollste ist. Selbstwert und Selbstbewusstsein hängt unmittelbar zusammen. Mit dem Bewusstsein, dass man an seinen persönlichen, inneren Werten im Prinzip sein Leben lang beschäftigt ist, kann man mit ein wenig Übung und einigen Überlegungen es schaffen, das Selbstwertgefühl wieder nach ganz oben zu bringen. Doch Vorsicht, zu hoch sollte es auch nicht sein, denn dann ist man schnell bei den Werten Selbstüberschätzung und Überheblichkeit. Du wirst sehen, dass es die Balance ist, die entscheidend ist.

Selbstwert gehört einfach mit dazu, zu einem glücklichen Leben. Du wirst keinen Menschen treffen der kaum Selbstwert empfindet und sagt: ich bin glücklich!

Ist die Berufung gefunden und kann ausgeübt werden oder macht man eine Job, den man nicht mag? Stimmt der Beruf mit dem Zweck der Existenz überein? Der Zweck der Existenz (ZDE) ist das, was nach Deinem Ableben von Dir geschafft, erreicht oder erfüllt sein sollte - was ist es, dass Du diesem Planeten oder auch nur Deinem Umfeld hinterlassen möchtest – was ist Deine Passion, Deine Mission, wofür brennst Du und kannst andere anzünden? Kannst Du davon leben?

Dann hast Du Deine Berufung gefunden. Das Leben ist zu kurz, um einen ungeliebten Beruf auszuüben, nur weil unser 19 jähriges Ich sich vielleicht falsch entschieden hat. Man darf sich auch entwickeln und der ursprüngliche, mit Freude ausgeübte Job wird im Laufe von 45 Arbeitsjahren zum Langweiler. Statt in der Midlifecrisis sich eine 20 Jahre jüngere Frau zu suchen könnten die Männer eine neue berufliche Herausforderung oder eine nebenher machbare Selbstständigkeit wagen. Damen brauchen keine Brust-OP's um ihr Selbstwertgefühl aufzupolieren.

Die Idee des Zwecks der Existenz stammt von John Strelecky, der in seinen wunderbaren Büchern ausführlich über diese Themen spricht. Wer sich also mehr mit dem Zweck des Existenz und den Big Fife for Life, also den 5 Dingen im Leben, die man getan haben muss, bevor man stirbt, befassen möchte, empfehle ich dringend diese Lektüre.

Hat man eine liebevolle Partnerschaft und eine tolle Familie oder hat man ständig Stress mit meinem Partner? Bereichert Deine Partnerschaft Dein Leben? Stärkt Deine Partnerin oder Dein Partner Deinen Lebensplan, Deinen ZDE oder ist das in den Augen des Partners alles quatsch? Bist Du derjenige, der herumgeschickt wird oder packt Ihr gemeinsam etwas an und baut Euch gemeinsam etwas auf? Bereicherst Du Deinen Partner und hilfst Du ihm bei der Erfüllung seines ZDE? Passen Eure ZDE zusammen?

Hast Du ein Umfeld, welches Dir guttut oder welches Dir Kraft raubt? Investierst Du Deine Zeit in Freundschaften, oder vergeudest Du Deine Zeit? Gibt Dir Dein Umfeld auch etwas zurück – oder ist es nur nehmen, nehmen, nehmen? Kennt Dein engstes Umfeld Deinen Zweck der Existenz und bemüht sich, Dir zu helfen, diesen zu erreichen – hilfst Du Deinen Freunden und Bekannten auch? Hast Du ein Elternhaus, welches Deinen ZDE mitträgt und unterstützt Du Deine Eltern?

Kannst Du mit Geld gut umgehen, hast Du am Ende des Monats mehr als vorher und hast ein mehr als gesundes Polster oder bist Du ständig pleite? Hast Du eine Übersicht über Deine Finanzen, über Deine Einnahmen und Ausgaben? Hast Du Dich mit Deiner Altersvorsorge beschäftigt, überprüfst Du Deine Investments regelmäßig und hältst Deine Versicherungsverträge stets aktuell? Hast Du die Kontrolle über Deine Finanzen oder jemand anderes? Stelle Dir vor, Du musst nie wieder über Geld nachdenken, weil genug da wäre. Du wüsstest, egal was passiert, Du kannst ein, zwei Jahre leben ohne jemanden Bitten zu müssen, Dir Geld zu geben. Du musst

Dich theoretisch nicht auf den Sozialstaat verlassen, sondern kannst Deine finanzielle Situation selbst bestimmen.

Wenn Dein Lifestyle sich Deinen Träumen anpasst.

Bist Du fit und fühlst Dich gut, hast Du Power oder hast Du ständig Weh-Wehchen oder eine wirklich gravierende Krankheit? Was isst und trinkst Du? Nimmst Du Dir genügend Zeit für vernünftiges und gesundes Essen? Treibst Du Deinen Körper genügend an? Kommst Du in Bewegung, ins laufen, schwitzen, powerst Du Dich aus, aber gönnst Du Dir auch Zeiten der Ruhe und Entspannung? Bewusste Pausen, Meditationen, Yoga, einfach mal aus dem Fenster starren…

Forderst Du Deinen Geist ausreichend und mit wertvollen Inhalten? Was liest Du, wie bildest Du Dich weiter? Vermittelst Du vielleicht sogar Wissen?

Was glaubst Du, wie sich die Beantwortung dieser Fragen auf Dein Selbstwertgefühl auswirkt?

Wer sein Selbstwert steigern will, muss an den 4 Lebenswerten arbeiten, denn das besondere an den 4 Lebenswerten ist, wenn Sie im Einklang sind, das Selbstwertgefühl automatisch ganz weit oben ist. Wer also ein geringes Selbstwertgefühlt hat, hat in mindestens einem der Lebenswerten eine Baustelle.

Die Beschäftigung mit den 4 Lebenswerten ist eine dauerhafte, lebenslange Arbeit mit sich selbst. Mit niemandem sonst. Deine Beziehungen müssen für Dich richtig sein, Deine Berufung muss für Dich stimmen, Deine Gesundheit ist es was Deinen

Körper am Leben hält, Deine Finanzen lassen Dich nachts ruhig schlafen.

Du machst diese Arbeit mit Dir selbst, nicht für andere Menschen, sondern nur für Dich. Wenn Du strahlst, strahlt auch Dein Umfeld. Klar beschäftigt man sich auch mit den Dingen, Themen und Sorgen aus seinem Umfeld, jedoch kann man schwerlich anderen richtig unter die Arme greifen, wenn man sein eigenes Leben nicht im Griff hat.

Stelle Dir bitte jetzt vor, wie Du in vielen, vielen Jahren in Deinem Bett liegst, Deine Familie hat sich um Dich versammelt, weil sie sich von Dir verabschieden müssen. Deine Zeit ist jeden Moment vorbei. Du stirbst!

Einer Deinen nahen Angehörigen fragt Dich: „Hattest Du ein erfülltes und glückliches Leben?"

Du möchtest im vollen Besitz Deiner geistigen Kräfte niemandem wehtun und sagst: „Ja, hatte ich."

Doch was, wenn die ehrliche Antwort, die Du Dir selbst gibst, ein NEIN wäre? Wenn Du Dich grämst, Gelegenheiten verpasst zu haben, Deine Zeit nicht mit den Menschen verbracht zu haben, die Du liebst und die Dir wichtig sind? Wenn Du Dein Leben in einem Beruf verbracht hast, den Du nicht mochtest? Wenn Du viel zu früh in dieser Situation, auf dem Sterbebett liegst, weil Du Deinem Körper zu viel zugemutet hast? Weil, wenn Du jetzt gehst, nichts Nachhaltiges von Dir bleibt?

Das fatale an dieser, hoffentlich nie eintretenden Situation ist, dass Du dann nichts mehr ändern kannst – gar nichts. Du hattest Deine Chance. Ob es eine zweite gibt, überlasse ich weiseren Autoren. Fakt ist, jetzt ist der Drops gelutscht, wie man im Ruhrgebiet zu sagen pflegt.

Du hast 16 verschiedene Kombinationen die 4 Lebenswerte unterschiedlich zu gewichten: aber das Ergebnis ist immer das gleiche: Ein irgendwo unerfülltes oder ein unglückliches Lebens und dem entsprechend ist es mit dem Selbstwert bestellt. Ein erfülltes und glückliches Leben stellt sich am leichtesten ein, wenn alle 4 Lebenswerte im Einklang zueinander stehen.

Warum Einklang?

Ich behaupte einfach mal, dass ein erfülltes und glückliches Lebens das ist, wonach die meisten streben. Damit man niemals in diese Situation auf dem Sterbebett kommen und Nein sagen muss.

„Nur" Zufriedenheit mit sich selbst und seinem Umfeld ist aber etwas anderes – Zufriedenheit ist im Prinzip eine Stufe vor dem Rückschritt, denn wenn ich nur zufrieden bin mit dem, wie das Leben läuft, habe ich keinen Ansporn mehr, es zu verbessern. Erst wenn sich nach der Zufriedenheit die Unzufriedenheit einstellt, hat man die Chance, durch eine Veränderung des jetzigen Zustandes wieder so etwas wie Zufriedenheit zu erlangen, doch kann dies das Ziel sein? Das ist ein kleines Hamsterrad, in dem man läuft.

Eine tiefe, innere Zufriedenheit wäre der Zustand, den man auf dem Sterbebett haben sollte, wenn man bewusst und ehrlich

„Ja" antwortet. Der Mensch gibt im Idealfall auf zwei Fragen ein ehrliches und bewusstes Ja, vor dem Traualtar und auf dem Sterbebett.

Tiefe, innere Zufriedenheit bedeutet für mich, dass man in der Lebenszeit, die zur Verfügung steht, etwas erschaffen kann, was den Menschen überlebt. Das können Kinder sein, eine große Familie, in der sich jeder versteht und vertraut. Das kann ein Unternehmen sein, eine Stiftung, ein gutes Werk. Auf dem Weg zu diesem Ziel braucht man genügend Antrieb und Motivation, etwas Besonderes leisten zu wollen und dann auch eine entsprechende Energie in die Umsetzung zu bündeln. Das Wissen, dass man auf dem Weg dahin ist oder es bereits geschafft hat, ist der Schlüssel für tiefe, innere Zufriedenheit.

Der Einklang mit den 4 Lebenswerten ist dabei der Weg, diesen Antrieb nicht zu verlieren, neu zu justieren falls es notwendig sein sollte und sich auf das wesentliche zu besinnen.

Stelle ich Beziehungen über alles, über die Gesundheit und über die Finanzen und dann erst der Beruf, wird die schönste Beziehung sehr wahrscheinlich nicht lange halten.

Vernachlässige ich für den Beruf die Beziehung, stehe ich irgendwann alleine da, dann gehen meistens auch die Finanzen den Bach runter und dann die Gesundheit – denn jetzt ist eh alles egal.

Vernachlässige ich meine Berufung und fühle mich nicht wohl mit dem was ich tue, trage ich das in meine Beziehung – das Ergebnis ist das gleiche wie oben beschrieben.

Habe ich keine Berufung und die Finanzen sind im Keller aber eine wundervolle Beziehung und volle Gesundheit – lebt es sich augenscheinlich nicht schlecht. Doch ist das erfüllend für ein glückliches Leben?

Diese kleinen Beispiele sollen Dir verdeutlichen, dass es nichts bringt, sich auf einen dieser Lebenswerte zu konzentrieren. Du musst in alle dieser vier Bereiche entsprechende Energie lenken. Vernachlässigst Du einen Bereich, weil Du einen anderen verstärkt Aufmerksamkeit schenkst, wird sich dieses rächen und Du rückst einen Schritt vom erfüllten und glücklichen Leben weg. Der Einklang ist enorm wichtig. Um Dir den Einklang etwas näher zu bringen, habe ich für Dich den Lebenswerte-Check entwickelt.

Der Lebenswerte-Check

Im folgenden Lebenswerte-Check wollen wir herausbekommen, wie es um die Gewichtung der persönlichen Lebenswerte bestellt ist. Hast Du ein Thema, welches Dich dominiert und eins, welches ein trauriges Dasein fristet?

Dabei gibt es keine psychologische Auswertung, sondern der Check soll Dir lediglich vor Augen führen, wo Du derzeit eine Baustelle hast. Wenn Du weißt, in welchem Bereich Du zuerst an die Arbeit musst, kannst Du im entsprechenden Teil dieses Buches starten, frischen Input, Ideen und Denkansätze holen, um diesen Lebenswert zu verbessern. Im Anschluss habe ich Dir 44 Fragen aufgeführt, deren Antworten Du für Dich kennen solltest, um Klarheit in Deiner Lebensplanung, Deinem Zweck der Existenz und Dich dem Ziel, ein erfülltes und glückliches Leben zu führen, zu nähern.

Bewerte auf einer Skala von 0-10 einfach nun folgende Fragen, betreffend Deiner heutigen, derzeitigen Zufriedenheit. Wie bereits beschrieben ist diese normale Zufriedenheit nicht das Ziel, sondern die tiefe, innere Zufriedenheit. Ist dieses Ziel erreicht, vergibst Du Dir bei dem entsprechenden Stichwort eine 10. Ist noch nicht mal ansatzweise die Zufriedenheit erreicht, geben Sie sich eine 0. Einfache Zufriedenheit ist die 5.

Berufung

Zahl 0-10

Wie zufrieden bist Du mit Deinem Beruf? ________

Denke hierbei besonders an:

Deine Aufgabe/Deine Passion ________

Deinen Zeitaufwand ________

Deine Bildung ________

Arbeitsklima ________

Gesamtzahl: ________

Gesundheit

Wie zufrieden bist Du mit Deiner Gesundheit? ________

Denke hierbei besonders an:

Ernährung, geistiger Input ________

Verdauung, körperlicher Zustand ________

Bewegung, Fitness, Belastbarkeit ________

Entspannung, Stressabbau, Hobbys ________

Gesamtzahl: ________

Beziehungen

Zahl 0-10

Wie zufrieden bist Du mit Deinen Beziehungen? _______

Denke hierbei besonders an:

Deinen Partner _______

Deinen engsten Familienkreis _______

Deine Freunde, Deinem weiterem Umfeld _______

Deiner Heimat, Wohnort _______

Gesamtzahl: _______

Finanzen

Wie zufrieden bist Du mit Deinen Finanzen? _______

Denke hierbei besonders an:

Dein Einkommen _______

Deinen Kontostand _______

Dein Vermögen _______

Deine Verbindlichkeiten _______

Gesamtzahl: _______

Zähle Deine Zahlen zusammen. Du hast nun in jedem Bereich eine Gesamtzahl, die Du direkt mit den anderen vergleichen kannst. So kannst Du erkennen, in welchem Bereich Du noch Ausbaupotential hast. Hast Du in allen vier Bereichen eine annähernd gleiche Zahl, stehen Deine Lebenswerte in Balance. Eine Abweichung von 2 Punkten je Bereich ist erstrebenswert! Je höher, desto besser.

Zähle jetzt die vier Gesamtzahlen zusammen, somit hast Du eine Zahl zwischen 0 und 200. Dieser Wert spiegelt den Zwischenstand zum Ziel des erfüllten und glücklichen Lebens wieder.

Hast Du einen Wert von 180, freue ich mich für Dich. Du hast, im Durchschnitt pro Bereich 45 Punkte, das ist nah dran am perfekten Einklang und am Ziel des Lebens – aber es ist auch noch Luft nach oben. Diese Luft muss auch sein, denn wenn es keine Steigerung mehr gibt, was machen wir denn dann, sollte zu diesem Zeitpunkt noch Lebenszeit zur Verfügung stehen? Siehe also zu, dass Du rückschauend auf Dein bisheriges Leben die 200er Marke erreichen und in den Zwischentest immer noch Entwicklungspotential übrig ist.

Man kann diesen Lebenswerte-Check regelmäßig machen um zu überprüfen, wo Du gerade stehst und in welchem Bereich Du etwas mehr Energie hineinlenken solltest und wo Du es etwas ruhiger angehen lassen kannst. In Kombination mit den folgenden 44 Fragen weißt Du im Anschluss ganz genau, wo Du ansetzen solltest. Fällt Dir die Beantwortung einer Frage nicht leicht und Du findest gar keine Antwort – hast Du direkt einen Ansatzpunkt. Höre auch immer auf Dein Bauchgefühl, wenn Du die Fragen liest. Fühlt es sich gut an oder ist etwas in Dir, dass Dich stocken lässt, eine Antwort zu verfassen?

Schreibe Deine Antworten einmal auf. Notiere die Antworten auf einem separaten Blatt Papier und beantworte diese Fragen allein. Nutze das Papier, um entweder Deine Entwicklung zu beobachten, indem Du diese Notizen verwahrst oder, wenn Dir die Antworten nicht gefallen, verbrenne das Papier und beginne mit der Arbeit an Deinen 4 Lebenswerten.

44 Fragen, deren Antworten Du kennen solltest:

Berufung

1. Entspricht das, was Du tust, Deiner Bestimmung?
2. Bist Du glücklich mit Deiner Karriere?
3. Bist glücklich mit Deinem Arbeitsumfeld?
4. Freust Du Dich auf Deine Arbeit, wenn Du morgens zur Arbeit fährst?
5. Was empfindest Du, wenn Du am Ende des Tages auf Dein Tagwerk zurückblicken kannst?
6. Hast Du Montagsblues?
7. Kannst Du längere Zeit fokussiert arbeiten, ohne auf die Uhr zu schauen?
8. Kannst Du nach Feierabend abschalten?
9. Nimmst Du Arbeit mit nach Hause?
10. Bekommst Du ein Leuchten in den Augen, wenn man Dich fragt, was Du beruflich machst?
11. Was passiert mit Dir innerlich, wenn Du Deine Arbeit nicht mehr ausüben dürftest oder könntest?

Beziehung

1. Tankst Du Kraft, wenn Du mit Deiner Familie zusammen bist?
2. Was empfindest Du, wenn Du Deinem Partner in die Augen schaust?
3. Bemühst Du Dich, für Deinen Partner begehrenswert zu sein?
4. Was empfindest Du, wenn Deine Kinder Dir entgegen laufen?
5. Wie fühlst Du Dich nach einem Treffen mit Deinen besten Freunden?
6. Wie fühlst Du Dich nach einem Treffen mit den Leuten, die Du am häufigsten siehst?
7. Wie kommst Du mit Deinen Arbeitskollegen klar?
8. Was empfindest Du, wenn Dein direkter Nachbar Dir kurz vor Feierabend über den Weg läuft?
9. Fühlst Du Dich in Deiner Nachbarschaft geborgen und sicher?
10. Gibst Du Deinem Umfeld oder der Gesellschaft etwas zurück?
11. Hast Du eine ehrenamtliche Aufgabe, die Dich erfüllt und beschäftigt?

Gesundheit

1. Fühlst Du sich wohl in Deinem Körper?
2. Achtest Du auf Deine Ernährung?
3. Bewegst Du sich regelmäßig an der frischen Luft?
4. Welches Buch, das Dich persönlich nach vorne gebracht hat, hast Du zuletzt gelesen?
5. Schläfst Du ausreichend und erholsam?
6. Nimmst Du Dir Zeit zur Besinnung und Reflexion?
7. Forderst Du Deinen Körper, kennst Du Deine Belastungsgrenzen?
8. Fühlst Du Dich gewappnet, längere Zeit krank sein zu dürfen?
9. Schwitzt Du schnell und stark, auch ohne körperliche Bewegung?
10. Bist Du zufrieden mit Deinem Gewicht?
11. Was empfindest Du, wenn Du in den Spiegel schaust?

Finanzen

1. Was empfindest Du, wenn Du auf Deinen Kontostand schaust?
2. Hast Du das Gefühl, zu viel Geld auszugeben?
3. Entspricht Dein Einkommen Deinen Vorstellungen?
4. Hast Du einen Überblick über Deine Fixkosten?
5. Hast Du ausreichende Vorsorge für das Rentenalter getroffen?
6. Sparst Du regelmäßig 10% Deines Einkommens?
7. Was passiert finanziell, wenn Dein Auto morgen kaputt geht?
8. Hast Du Schulden und weißt gar nicht mehr, wofür?
9. Hast Du schon einmal finanzielle Vereinbarungen nicht eingehalten?
10. Wenn Du eine Vermögens- und Verbindlichkeitenübersicht erstellst, wie geht es Dir dabei?
11. Wie lange kannst Du ohne neues Einkommen leben?

Erkenne Deine Schwachstellen und denke regelmäßig darüber nach, wie Du Deine Situationen verbessern kannst.

In den folgenden Kapiteln findest Du Anekdoten, Geschichten und Impulse, um neue Wege zu entdecken, Mut zu fassen um Dich mit einer neuen Ausrichtung der Lebenswerte zu beschäftigen.

Beginne mit dem Teil des Buches, bei dem Du im Lebenswerte-Check den geringsten Gesamtwert hast, danach den zweigeringsten und zum Schluss den höchsten. Die Kapitel sind nicht aufeinander aufbauend sondern stehen für sich, von einem jeweiligen Experten verfasst und für Dich hier zusammen getragen.

Ich wünsche Dir beim weiteren Lesen viel Vergnügen und viel Erfolg bei der Arbeit mit Deinen 4 Lebenswerten.

Stefan Vahldieck

Berufung

Dennis Tjoeng

Wenn Leute mich fragen, was ich beruflich mache,

leuchten meine Augen auf. Meine Mundwinkel wandern nach oben und ich sage stolz: DJ. Die meisten Menschen bewundern das, aber oft kann ich direkt ihre Skepsis im Gesicht ablesen. Manche fragen dann auch leicht neidisch: Echt? Kann man davon leben? Die viel wichtigere Frage lautet doch eigentlich nicht, ob ich von etwas leben kann. Sondern: ob ich damit leben kann.

In vielen anderen alltäglichen Bereichen akzeptierest Du kein „ganz ok" oder „durchschnittlich". Du guckst keine Filme, die nur ganz ok sind, gehst auch auf keine Konzerte, die Du nur durchschnittlich findest. Beides dauert vielleicht 90 Minuten. Unser Berufsleben hingegen dauert gute 83.000 Stunden. Die Frage, was die eigene Berufung ist, ist eine der schwierigsten Fragen überhaupt im Leben. Es gibt keine Rezeptantwort. Jeder Mensch tickt anders und hat eigene Vorlieben und Stärken. Diese solltest Du erforschen und damit arbeiten.

Selten findet man die Antwort über Nacht, oft dauert es Wochen und die meisten finden ihr ganzes Leben lang keine Antwort. Das liegt vor allem daran, dass Menschen sich nicht mit ihrem Lebensabend auseinander setzen. Ich meine nicht die Frage, ob man in den Himmel kommt. Sondern, was man mal über sein Berufsleben sagen möchte. Was möchtest Du über Dein Berufsleben sagen, wenn Du auf dem Sterbebett liegst? Nimm Dir bitte kurz Zeit und schreibe Deine Antwort nieder.

Auflegen, Bässe durch dicke Lautsprecher zu jagen ist mein absoluter Traumjob. Ich würde den Job nicht mal für 20 Mio. €

aufgeben. Ernsthaft. So sehr liebe ich diesen Job. Wenn das hier ein reicher Scheich liest, kann er mich gerne testen. Mir geht es vor allem um Spaß im Berufsleben. Geld ist zwar auch sehr wichtig, aber wie kannst Du Dich erfolgreich nennen, wenn Du keinen Spaß an der Arbeit hast?

Jemand der mit Leichtigkeit Millionen verdient, aber keinen Spaß an der Tätigkeit an sich hat, hat erst recht versagt. Da verdient er schon das ganze Geld und ist trotzdem unglücklich. In etwas gut zu sein, was man nicht gerne macht, kann sogar richtig gefährlich sein. Man bekommt automatisch mehr Geld, mehr Anerkennung, wird befördert und kommt dann noch schwieriger davon weg. Da kann der Lohn wie eine Droge wirken. Spaß an der Arbeit kann auch süchtig machen. Ich weiß, dass ich wie ein Drogi klinge, aber ich verzichte komplett auf Drogen und Alkohol. Das hat nichts mit eiserner Disziplin zu tun und findet man äußerst selten im Nachtleben.

Liegt wohl eher daran, dass ich meine Arbeit liebe. *Ja, aber mit Alkohol macht doch alles noch mehr Spaß?* Bin ich mir nicht sicher, Deine Freundin musst Du Dir ja auch nicht schön trinken. Ansonsten lege ich Dir den Beziehungsabschnitt in diesem Buch sehr ans Herz.

5 Jobs, 4 mal gefeuert

Bis Ende 2011 fühlte sich mein Berufsleben eher mittelmäßig bis scheiße an. Zwischen Studium und DJ Leben lagen 5 Jobs mit einer interessanten Statistik. Zweimal bin ich gefeuert worden, zweimal wurde mein Jahresvertrag nicht verlängert also musste man mich nicht feuern und beim 5. Job war alles nur eine Frage der Zeit bis man mich gefeuert hätte. Bis zu dem Zeitpunkt habe ich mich noch nie wirklich mit meinem Zweck der Existenz auseinander gesetzt, sondern nur einfach das gemacht, was die Masse macht. Auf dem Lebenslauf sieht alles wunderbar aus.

Mit 24 (2003) habe ich meinen fancy International Bachelor of Economics Degree, zu Deutsch BWL Abschluss in der Tasche. Knappes vier Jahresprogramm, alles auf Englisch, inklusive Auslandssemester in den USA. Das war zu dieser Zeit noch etwas Besonderes. So manch Personaler der ganzen Googles und PriceWaterHouseCoopers dieser Welt hätte mich wahrscheinlich mit Kusshand genommen. Mein berufliches Ziel nach dem Studium lautet jedoch: bloß keinen Anzug tragen. Nichts gegen einen gut sitzenden Anzug, aber wofür soll ich mich jeden Tag verkleiden?

Ich machte schon den ersten Fehler bei der Berufswahl. Ich ließ mich treiben und guckte, wo die Reise aus meinem BWL-Hafen mich hinführte. So richtig kann ich mich nicht daran erinnern warum, aber aus irgendeinen Grund bin ich auf Werbung gestoßen. Dort geht es doch lustig zu und irgendwie kann ich mein Wissen aus dem BWL Studium schon einbringen.

Ohne große Vorahnung suchte ich mir per Suchmaschine die besten Werbeagenturen Deutschlands zusammen und landete als Beratungs-Praktikant bei Saatchi & Saatchi. Die Aufgabe eines Beraters klang sehr spannend: Als Schnittstelle zwischen Kunden und Kreativen sorgt man dafür, dass der Kunde nicht zu viel Müll brieft und die Kreativen etwas Witziges austüfteln, was sich aber auch gut verkauft. Verkauft hätte ich am liebsten meine Praktikantenstelle schon nach wenigen Wochen. Zu langweilig schien mir die ganze Wettbewerbsanalyse. Die Kreativen in Anglizismen zu briefen, ist mir einfach zu fucking boring. „Deadline der Headline für die Point of Sales ist KW24. To be decided. Work in Progress."

Aber in den Meetings mit den Kreativen fiel mir auf, wer sich die ganzen lustigen Kampagnen ausdenkt. Der Texter zusammen mit dem Art Direktor. Grafik ist nicht so mein Fall. Meine Zeichnungen heute sehen kaum besser aus als die aus dem Kindergarten. Aber ein paar lustige Ideen zu Papier bringen, das habe ich mir schon eher zugetraut und prompt mein Praktikum im Textbereich fortgeführt. Das klappte auch ganz gut. Ich bekam nach einiger Zeit meinen ersten Job als Junior Texter und dachte mir für namenhafte Kunden Kampagnen aus.

Meine Agentur-Stationen ließen sich durchaus sehen: Interone Worldwide, BBDO, BUTTER. Einige meiner Arbeiten gewannen sogar nationale und internationale Awards. Trotzdem hab ich nie so eigenständig arbeiten können, um den Junior Titel abzulegen. Nach gut 5 Jahren Werbung hatte ich vor allem das, was viele Werber nach ein paar Jahren haben: die

Schnauze voll. Klar, es wurde viel gelacht und es ging auch locker zu.

Aber die Arbeitszeiten waren oftmals eher Stoßzeiten. Die meisten Ideen landeten im Papierkorb noch bevor sie zum Kunden geschickt wurden, auch wenn sie gut sind. Dann siebt der Kunde nochmals aus, und zack ist der Junior Texter im Hamsterrad der Ideen.

Kohlemäßig war ich weit unter dem, was ein BWL-Fritze wie ich normalerweise bekam. All das bewegte mich letzten Endes dazu, die Reißleine zu ziehen und auf die Unternehmensseite zu wechseln, wo mehr Geld und weniger Arbeit warten sollten. Mal abgesehen davon, hat meine letzte Agentur mir nahegelegt was Neues zu suchen – verständlich. Mein kreativer Output war gleich Null. Passend zu meiner Motivation, weiterhin in der Werbung zu arbeiten.

Raus aus der Werbung – rein in die Hölle

Zig Bewerbungen haute ich raus und ließ mein BWL-Schiff weitertreiben. Irgendwas mit Marketing sollte es ja sein, am liebsten bei einem Global Player. Schließlich bin ich ja mehrfach prämierter Preisträger und besitze ja einen fancy Bachelor of Economics Abschluss. Remember? Einer renommierten Personalagentur schickte ich meinen Lebenslauf, damit die mir eine Position im Marketing vermitteln sollten. Haben sie dann auch gemacht. Nämlich direkt bei sich selbst. Man suche ja noch jemanden mit frischen Ideen und awesome English Skills. Very international. Nach 2 Bewerbungsgesprächen hatte ich den Vertrag im E-Mail Postfach. Ich war wieder zurück im Berufsleben – über 50% mehr Gehalt als in der Werbung, kein Hamsterrad der Ideen mehr. Mehr wollte ich nicht.

Meine neue Perspektive sollte am 2.1.2011 anfangen. Stolz aktualisierte ich mein XING Profil und addete Ex-Kollegen. So macht man das ja heute, man zeigt online was man hat. Marketing Coordinator stand da jetzt. Das neue Profilfoto zeigte einen Dennis Tjoeng im Anzug inklusive Schwiegersohn-Lächeln. Wie halt alle diese Bewerbungsfotos aussehen. Fortan hieß es Armani statt Air Max, schließlich war ich jetzt dort, wo andere International Business Administration Absolventen anfingen.

Die ersten Wochen im neuen Job waren genauso wie sich eine Marketing-Stellenausschreibung liest: „Sie arbeiten in einem jungen, dynamischen internationalem Team. Übernehmen schnell Verantwortung über die gesamte D-A-CH Region. Darüber hinaus erstellen und koordinieren Sie eigenständig interne und externe Marketing Konzepte und haben Erfahrung im Projektmanagement."

Anfangs war alles noch neu und irgendwie ganz nett. Es gab viel zu tun, hier und da war es chaotisch. Wird schon irgendwie, redete ich mir ein. Doch je mehr Wochen verstreichen, desto mehr fiel mir auf, dass keine der Aufgaben Spaß machte. Wirklich keine. Kreative Marketing Konzepte ausdenken – das ging mir schon in der Werbung voll auf den Sack. Und jetzt musste ich sie auch noch ausführen.

Oder Projektmanagement. Das ist doch eh das Büro-Unwort schlechthin. E-Mails jonglieren, Angebote einholen, vom Chef absegnen lassen. Mit Managern international Conference Calls im Konfi abhalten. Vorschläge einreichen, egal ob sie sinnvoll sind oder nicht. Aber der Vorgesetzte vom Vorgesetzten, also der mit der wenigsten Ahnung, hat es beim Montags-Meeting gewünscht, daher ist es Prio 1. Und dann arbeitet in einem „echten" Büro ein anderer Humor.

Irgendwie war alles wesentlich krampfiger. Ein bisschen wie bei Stromberg. Nur, dass ich selbst mitspielte. Es waren alles nette Kollegen, nur irgendwie nicht meine Leute. Deswegen fand ich noch nicht mal die wöchentlichen Afterwork Treffen im schicken Restaurant lustig. Wo sich die Belegschaft auf Firmenkosten mit feinsten Meeresfrüchten den Bauch vollschlug, und die Arbeits-Wehwehchen mit ein paar Bier aus dem Kopf gespült wurden.

Es musste so Mai/Juni gewesen sein, als ich einen gesamten neuen Geschäftsbereich aufgedrückt bekam. Ich war eh schon komplett überfordert mit dem aktuellen Arbeitsaufwand, aber als aufstrebender Marketing Coordinator FREUT MAN SICH DOCH ÜBER MEHR ARBEIT. „Es gibt eine neue Challenge für dich", sagte mein Vorgesetzter. Challenge up my ass. Projektmanagement up my ass. Marketing Konzepte up my ass. Die gesamte Arbeit ging mir seit Monaten schon am Arsch vorbei. Ich war zwar raus aus der Werbung, aber in der Hölle gelandet. Und zwar zur Primetime, würde der DJ sagen. Hass pur. Mittlerweile schlief ich beschissen und hatte eine konstante Dreckslaune. Da halfen auch keine 2 Wochen Sommerurlaub. Statt Erholung, füllte mich einfach nur eine komplette Leere aus, irgendwie war ich ausgebrannt. Komplett am Ende. Ob ich von einem Burn out sprechen konnte, weiß ich nicht genau. Aber diese Leere fühlte sich einfach so an. Seit Wochen nahm ich teure Antistress Medikamente ein, die sollten bei akuter Primetime Hölle gut helfen. Taten sie aber nicht. Das einzige Gegenmittel war ein neuer Job. Nur, was zum Teufel soll ich machen?

Exit Hölle

Wir reden gerade von gut einem halben Jahr, meiner härtesten Zeit des Lebens. Für kein Geld der Welt wollte ich wieder in einem Büro arbeiten. So viel stand fest. Da interessierte mich auch nicht die Top 10 der besten Arbeitgeber, die sich ja so sehr um die Work-Life Balance der Mitarbeiter kümmerten. Kostenloses Fitnessstudio, am besten direkt im Büro. Playstation Ecke, um mal die Seele freizuballern. Kinderbetreuung, Firmenfahrzeug mit Tankkarte. Am Ende des Tages würde mich da wieder eine Challenge nach der anderen zermürben, weil ich da wieder irgendwas mache, was einfach mal null Spaß macht. Was interessiert mich die Work-Life Balance, wenn ich noch nicht mal ein Leben habe?

Seit 2003 bin ich sogenannter Bedroom DJ. Lege also zuhause für mich auf, jeden Tag nach der Arbeit. Zur Entspannung. Hier und da hatte ich auch mal private Auftritte für Freunde oder spielte bei meinen Arbeitgebern auf der Sommer- oder Weihnachtsfeier. Mir war klar: Auflegen ist das Größte für mich. Ich kaufe in meiner Freizeit Platten, studiere DJ Techniken- und Videos, höre unzählige DJ Mixes, schaue mir auch gerne Interviews mit meinen Lieblings DJ immer wieder an.

Mein ZDE (Zweck der Existenz) saß unbemerkt schon die ganze Zeit auf meiner rechten Schulter und ich schaute zu, wie ich ihn an meiner Krawatte erstickte. Aber Geld habe ich bis Dato noch keins mit Auflegen verdient. Außerdem weiß jeder: Nur die wenigsten können vom Auflegen leben. Also war das auch keine Option. Mal abgesehen davon, ist Auflegen ja auch nichts, was ich bis zur Rente machen kann.

Hilfe! Ich brauch einen neuen Job

Ich wusste einfach nicht, was ich machen sollte. Also mal so eine Berufsberatung machen? Die kosteten doch alle viel Geld. Und was sollte mir so ein Fremder erklären, welchen Job ich ergreifen sollte? Ein Freund erzählte mir jedoch von der Berufsberaterin Uta Glaubitz, die sehr interessante Kunden hatte: Vom Rechtsanwalt zum Schauspieler, von der Controllerin zur Konditorin, oder auch vom Banker zum Koch. Ich habe noch gut 60.000 Stunden, die ich arbeiten muss und auch will, sofern ich etwas finde, was mir Spaß macht. Außerdem sprechen wir gerade von meinem Lebensglück, an das ich immer noch glaube. Nur braucht mein BWL Schiff schnellstens einen Hafen. Also, scheiß aufs Geld. Ohne zu zögern, meldete ich mich für das Seminar an und saß nach wenigen Wochen im Seminar mit 3 weiteren Menschen, die ebenfalls an akuter Primetime Hölle litten. Jedoch schon seit Jahren, also wesentlich länger ich. Wie hielten die das aus? Die müssten doch schon längst komplett frittiert sein.

Zwei Bedingungen stellte ich an meinen neuen Job: Kein Büro und auch nicht DJ. Trotzdem hat Uta heraus gehört, dass mein Traumberuf DJ ist. Meine Antworten auf ihre Fragen – die ich auch etwas manipuliert hatte, damit nicht DJ als Job am Ende rauskam – haben es dennoch eindeutig hergegeben. Wie es zu dem Ergebnis gekommen ist, erkläre ich später im Buch.

Das Ende vom Lied

Meine ersten Gedanken nach dem Seminar waren: f#cksh?t!!!!. Mein ZDE schaut mir genau ins Gesicht und begrüßt mich. Ich mache mir in die Hosen, weil ich lauter Fragezeichen im Kopf habe.

Wie soll ich damit Geld verdienen?
Will ich das bis zur Rente machen?
Ich bin schon 32. Alter, da hören viele DJ Karrieren auch auf!
Was mache ich, wenn ich nicht gebucht werde…?
Was werden meine Eltern dazu sagen???

Nach einigen Wochen hatte ich habe zwar immer noch die Hosen voll, aber es war wesentlich angenehmer als weiterhin in der Hölle zu arbeiten. Langsam reifte der Gedanke, DJ zu werden. Nach und nach fand ich gute Antworten, um meine Fragezeichen allmählich wegzuradieren.

Ich glaube nicht an Zufälle, sondern dass das Leben schon mal mit uns spricht. In diesem Fall zitierte mich mein Vorgesetzter in sein Büro und sprach mir, so sensibel wie möglich, die Kündigung aus. „Bla, bla, ich bin mir sicher, dass du was Neues findest…bla, bla“, müssen seine Worte gewesen sein.

Ich setzte mein 1-Millionen-Euro-Lächeln auf und sage: „Alles gut, ich werde DJ.“ Sein Gesicht hättest du sehen sollen, unbezahlbar. Der Rest ist Geschichte…

Wie fühlt sich das an, wenn man den Traumjob gefunden hat?

Es ist nicht so, dass ich von morgens bis abends mit einer rosaroten Brille rumlaufe. Dafür wache ich jeden Tag mit einem Lächeln auf. Auch Montagmorgens, wenn meine Kernarbeitszeit vorbei ist. Wenn ich gefragt werde, wie es mir geht, kann ich oft ehrlich sagen: sehr gut. Meine Gigs sind zwar anstrengend, teilweise reise ich 12 Stunden, um 2 Stunden zu spielen. Dazwischen schlafe ich wenig, bin oft auch kaputt nach Auftritten aber erfüllt. Ich gleite förmlich durchs Leben, ähnlich wie Flugpassagiere, die auf dem Laufband stehen, sich kaum bewegen und trotzdem weiterkommen. Es fühlt sich alles an wie Urlaub, nur dass er seit 2012 anhält. Urlaub macht aber noch mehr Spaß, wenn man ihn mit möglichst vielen Menschen teilen kann und Nachahmer findet. Genau deswegen schreibe ich an diesem Buch mit. Weil ich Dich dazu bewegen möchte, Dein Leben in die Hand zu nehmen und auch Deinen persönlichen Dauerurlaub zu buchen. Bist Du bereit für Deine Reise?

„Wir leben 2 Leben. Das zweite fängt an, wenn wir wissen, dass wir nur eins haben." (Konfuzius)

Egal, was Du im Leben anfängst: Das Ziel sollte immer klar sein. Je größer das Vorhaben, desto wichtiger das Ziel. Damit meine ich nicht, dass jeder Schritt geplant sein soll. Das wäre das „Wie" oder „Was". Ich rede vom „Warum". Wenn Du Dein Ziel kennst, bist Du auch bereit, die eine oder andere Hürde zu nehmen oder vielleicht mal Rückschläge zu akzeptieren. Denn die können durchaus vorkommen, wenn man sein Ding macht. Ich mag das Bild vom Sterbebett sehr, danach gibt es offensichtlich kein Zurück.

Du hast hoffentlich aufgeschrieben, wie Du Dein Berufsleben im Rückblick sehen willst. Es gibt da kein richtig oder falsch. Du selbst bestimmst, wie Dein Lebensrückblick aussehen soll. Wenn Du eher anspruchslos bist, dann schreib ruhig Sachen wie „Mein Leben als XY, war ganz ok…usw." So laufen offen gestanden die meisten Menschen durch die Welt. Ist schade, hat aber den Vorteil, dass sie wahrscheinlich auch nicht viel ändern müssen bzw. recht bequem durchs Leben laufen. Es gibt monatlich scheinbar sicheres Geld, es ist das, was sie mal gelernt haben usw. Sie sind in ihrer Komfortzone. Das Problem ist aber, dass diese Menschen irgendwann realisieren, dass sie nicht ihr Leben gelebt haben. Nun, dazu sage ich gerne: Wer nur die bequemen Dinge macht, wird ein hartes Leben führen. Wer aber bereit ist, die harten Dinge zu machen, wird ein bequemes Leben führen. Als ich meinen Hemd- und Kragenjob aufgeben habe, habe ich mir auch meine Sterbebett Situation ausgemalt:

Unter Freudentränen erzähle ich den Menschen, wie viel Spaß ich hatte. In welchen Clubs ich aufgelegt habe. Wie viele interessante Menschen ich glücklich gemacht habe. Welche Länder ich durch meinen Job bereist habe. Aber auch, wie sich meine Gagen immer weiter gesteigert haben. Kurz: wie frei ich im Leben war!

Freiheit. Darum geht es im Leben und auch im Job. Es ist das allerhöchste Gut für mich und ich würde es nicht gegen Geld eintauschen. Das Gehalt ist nur ein Vehikel, um Freiheit zu erlangen. Für Höllenarbeiter ist es sogar Schmerzensgeld. Also warum nicht mal kurz das Vehikel abstellen und überlegen, welche Tätigkeiten Dir ein Gefühl von Freiheit vermitteln?

Schlimm genug, wenn Menschen erst auf dem Sterbebett realisieren, dass beruflich etwas gefehlt hat. Wenn ich die ganze Zeit vom Sterbebett rede, meine ich nicht unbedingt das Rentenalter. Manche sterben nun mal wesentlich früher oder werden auf einmal mit 30 schwer krank. Ich hoffe natürlich, dass Du gesund bist und Dir klar ist, dass das Leben ein Geschenk ist. Daher warte ich nicht mein Renteneintrittsalter ab, damit ich endlich mal Zeit für Spaß habe. Diese Einstellung habe ich noch nie verstanden. Klar, irgendwann macht mein Körper schlapp und das DJ Leben in der jetzigen Form nicht mehr mit. Bis dahin habe ich aber etwas Anderes gefunden. Und wenn nicht, dann muss ich einen Weg finden und weiter als DJ zu arbeiten. Ein Glück, dass das Spaß macht. Vielleicht kann ich ja mit 80 immer noch ein paar Oldies von JAY Z im Seniorenheim abfeuern. Sonntag nachmittags zu Kaffee und Kuchen. Sexy Omas schütteln dazu ihren Hintern während sie sich am Rollator festhalten. Ach, irgendwie freue ich mich doch schon auf´s Rentenalter.

Je nachdem, welche Chance Du nicht ergreifst, kann der Frust auch schon früher eintreten. Nach dem Aussehen zu urteilen ist ja bekanntlich nicht das Klügste. Aber wie kommt es, dass es in einem reichen Land wie Deutschland so viele Menschen mit runtergezogenen Mundwinkel rumlaufen? Montags Morgen in der Straßenbahn. Fahren die da zur Arbeit oder auf eine Beerdigung? Da würde ich am liebsten alle Menschen umdrehen, damit ich in ein paar freundliche Gesichter schauen kann.

Anderes Beispiel. Wenn ich einen Ex Kollegen von mir frage, wie es ihm geht, antwortet der immer: „Beschissen, beschissen." Ohne Scheiß, ich wünsche mir dann immer 20 Sekunden von meinem Leben zurück. Gehen wir einen Schritt weiter. Stell Dir mal vor, Du machst über Jahre lang eine Arbeit, die Dir nicht gefällt. Du wirst automatisch zum Berufsmeckerer und jammerst Deinem Umfeld was vor. Das wäre auch mir so ergangen. Natürlich sollten Freude, Familie und vor allem Dein Partner für Dich da sein. Ich persönlich halte mich gerne von Berufsmeckerern fern und finde Menschen sehr unattraktiv, wenn sie die ganze Zeit meckern und vor allem nichts ändern wollen oder meinen sie können nichts ändern. Nach und nach wirst Du Freunde los und Deine Partnerschaft leidet ebenfalls – falls Du eine hast. Es wirkt sich negativ auf Deine Beziehungen aus. Der nächste Lebenswert ist also auch in Gefahr. Wer länger etwas gegen seinen Willen macht, bekommt Hautausschlag, Migräne oder Magengeschwüre. Redewendungen wie „ich fühle mich nicht wohl in meiner Haut“ oder „mir bereitet diese Aufgabe Bauchschmerzen“ kommen nicht von ungefähr.

Bekommt man dann noch ordentlich Druck von oben, so wie ich es erlebt habe, droht neben Bauch-Beine-Po Schmerzen irgendwann noch das Burnout. Da stand´ ich zwei mal kurz vor, das war überhaupt nicht lustig. Übrigens kommt das nicht von zu viel Druck oder zu viel Arbeit. Sondern eher davon, wenn man lange etwas macht, was nicht seinen Werten entspricht. Wenn ein überzeugter Vegetarier z.B. den ganzen Tag Steaks auf den Grill schmeißen muss und sie anschließend auch noch verputzen soll. Ist machbar, verstößt aber gegen seine Werte.

Beruf vs. Familie?

Wenn Dir diese Warums noch nicht ausreichen, dann setze ich gerne noch einen drauf. Die Berufswahl ist wichtiger als die Familienplanung. Klingt ganz schön hart oder? Oft erlebe ich, dass Studenten schon wissen, dass sie mit Mitte 30 bereits 2 Kinder haben wollen, ohne sich gründlich mit der Jobzukunft auseinandergesetzt zu haben. Jetzt hoffe ich doch mal sehr, dass

Eltern das beste Leben den eigenen Kindern vorleben möchten. Was aber, wenn das Berufsleben noch nicht die Erfüllung ist? Oder man vielleicht sogar in der Hölle schmort, so wie ich geschmort habe? Genau wie die Partnerin schnappen es Kinder auf, vielleicht werden sie im zarten Alter schon geprägt, dass Arbeit wohl keinen Spaß macht.

Nehmen wir an, Du hast schon glücklichen Nachwuchs und merkst, dass Du Dich beruflich neu orientieren möchtest. Die Idee und Strategie steht. Wirklich alles. Für die Umsetzung fehlen leider Zeit und Geld. Zeit und Geld sind bei Eltern oftmals wesentlich knapper.

Vielleicht musst Du ein neues Studium anfangen, ein Ladenlokal anmieten, Leute einstellen oder nur einen Laptop kaufen. Flexibilität kannst Du dann auch knicken. Was ist, wenn Du nach Jahren die Idee hast, eine Schule in Afrika zu eröffnen? Die Partnerin kommt noch mit, die hat vielleicht eh keine Lust mehr auf Deutschland. Nur, was erzähle ich meinem 7-jährigen Sohn?

„Wir ziehen nächsten Monat nach Afrika um. Da gibt's dann auch eine neue Schule für dich. Neue Sprache, neue Freunde, neues Essen und Wetter."

„Warum?"

„Weil ich leider vor ein paar Jahren nicht über meine Berufswahl nachgedacht habe… "

Bitte verstehe mich richtig. Kinder sind was Tolles und wir brauchen den Nachwuchs. Wenn Du beruflich noch nicht da bist, wo Du gerne wärst und trotzdem schon Kinder hast: Nimm sie bitte nicht als Ausrede. Sondern als Begründung! Gerade, weil Du Deinen Kindern doch das beste Leben vorleben möchtest, gerade deswegen ist es Deine Pflicht, Deiner Passion nachzugehen.

"Ein Schiff im Hafen ist sicher, dafür werden Schiffe aber nicht gebaut." (John Augustus Shedd)

Vielleicht haben meine „Warums" in Dir etwas bewegt – Du hast aber Angst, Deinen gewohnten Job zu verlassen. Es schießen Fragen durch den Kopf wie „Werde ich Geld verdienen?" „Bin ich darin gut genug" oder „Was ist, wenn die Kunden ausbleiben und keine Umsätze da sind?"

Ich kann Dich beruhigen, es ist völlig normal Angst zu haben, wenn man ein sicheres Einkommen über Bord wirft um etwas Neues anzufangen. Wenn wir über Jahre etwas lernen und davon auch leben, verbindet unser Hirn mit dieser Tätigkeit vor allem eines: Überleben. Und Überleben ist unserem Hirn nun mal wichtiger als berufliche Erfüllung. Also was tun?

Auch ich hatte solche Ängste, aber ich hatte noch eine andere Angst. Das war und ist heute noch die Angst vor einem 08/15 Leben. Damit meine ich das typische Durchschnittsleben, in dem einfach nichts mehr Großartiges passiert. Nichts Schlimmes, aber auch nichts Gutes. Hier und da ein paar Highlights: Jedes Jahr zwei Wochen Sommerurlaub. Jeden Freitag den Kollegen mit voller Freude „Schönes Wochenende" wünschen, weil ich zwei 2 Tage meine Ruhe habe. Oder noch schlimmer: Jeden Tag um 14:00 Uhr nach der Mittagspause den Countdown zum Feierabend ansagen. Ich war übrigens ein Kandidat für alle 3 Highlights. Schlimm oder?

Die Angst nicht genug Geld zu verdienen, ist absolut verständlich. Jedoch glaube ich, dass wenn alle Stricke reißen, die meisten Menschen, vor allem hier in Deutschland, irgendwie trotzdem überleben können. Zur Not kann man sich mit ein paar Nebenjobs – auch wenn es nicht erstrebenswert ist – immer über Wasser halten. Außer man hat gerade einen Tesla oder sogar ein Eigenheim angezahlt. Dem empfehle ich noch mal zum Finanzteil dieses Buches zu springen. Also was hält viele Menschen noch ab, ihren beruflichen Traum nachzugehen?

Es geht um die Meinung der Anderen. Was wird denn wohl mein Umfeld sagen, wenn ich beruflich aus der Reihe tanze? Wenn ich Nein sage zu einem 6-stelligen Gehalt. Wenn ich Nein sage zu einer sicheren Rente (wenn's die überhaupt noch gibt). Wenn ich Nein sage zu einem Firmenwagen inklusive Tankkarte. Mir war anfangs etwas unwohl, den Menschen von meinem DJ Vorhaben zu erzählen. Die Reaktionen waren sehr unterschiedlich, von „Ja, mach das auf jeden Fall" bis hin zu „du wirst auf die Schnauze fallen". Der soziale Druck kann immens sein, wenn man so wie ich noch keinen einzigen Beweis hat, dass der Plan aufgeht. Kehren wir aber wieder zurück zu unserer Sterbebett-Situation. Ich bin mir 150% sicher, dass mir das egal sein wird, was mein Umfeld über mein Berufsleben sagen wird. Also interessiert es mich auch jetzt wenig bis gar nicht, ob sich mein Umfeld mit meinem Job wohl fühlt. Solange ich dabei niemanden unrecht tue, versteht sich.

Viele Jobs – dazu gehört vielleicht auch meiner – kann man nicht bis zum Rentenalter machen. Oftmals wird diese Tatsache als Ausrede benutzt, um bestimmten Traumjobs nicht nachzugehen. Für viele Bereiche ist das wohl auch wahr. Gerade, wenn es um Sport oder sonstige körperbetonte Jobs geht . Aber andersrum gefragt, wer will schon nur den einen Job machen? Selbst ich fände es schade, wenn ich bis ans Ende meines Lebens nur DJ bin.

Bestimmt weiß Du, dass der Jobmarkt sehr im Wandel ist und ständig neue Jobs auf die Welt kommen. Vor sechs Jahren bin ich hauptberuflich DJ geworden, d.h. vor sieben Jahren wusste ich auch nicht, dass mein berufliches Glück direkt um die Ecke gewartet hat. Vor einem Jahr habe ich auch nicht gewusst, dass ich dieses Buch mitschreibe. Und wer weiß, was sich wieder aus dieser Aktivität ergibt? Und so gehe ich ständig mit offenen Ohren und Augen durch die Welt schaue, was noch zu meinem Jobportfolio passt. Ich bin mir auch sicher, dass da draußen irgendein Job wartet, von dem ich jetzt auch noch keinen blassen Schimmer habe. Aber wäre das Leben nicht auch komplett langweilig, wenn man schon alles weiß?

Genug von Ängsten geredet. Jobsicherheit ist doch das, was sich jeder wünscht. Gibt es die überhaupt? Es wird doch ständig davon erzählt, dass nichts mehr sicher ist… Das sehe ich aber anders. Mit den Traumjobs verhält sich ähnlich wie dem Traumpartner. Sobald man ihn gefunden hat, gibst Du ja ab der ersten Begegnung alles, damit die Beziehung stabil läuft. Wenn es mal etwas kriselt, dann bist Du auch bereit dafür zu kämpfen. Sprich Du analysierst, warum gerade Umsätze ausbleiben, wirst kreativ und überlegst neue Ideen, greifst zum Telefon und schreibst E-Mails usw. Glaube mir, all das würdest Du bei einem Job, den Du eigentlich schon abgeschrieben hast, nur sehr ungern machen. Daher: Der sicherste Job für Dich, ist der, den Du liebst!

„Wähle einen Beruf, den du liebst und du musst nie wieder arbeiten.“ (Konfuzius)

Ich habe dieses Zitat noch nie gemocht. Mir ist absolut klar, was der liebe Konfuzius damit sagen möchte. Nur beinhaltet diese Weisheit auch, dass Arbeiten etwas Schlimmes ist. Wer jedoch nicht arbeitet, hat nachweislich kein Geld. Vielmehr ist die unpassende Arbeit, die wir uns aussuchen, viel häufiger das Problem. Fragt sich nur, warum wir das überhaupt machen. Wieso geben sich denn so viele Menschen mit einem Job zufrieden, der sie in Wirklichkeit gar nicht zufrieden stellt?

Die Berufswahl ist reine Kopfsache. Genau da fängt das Problem an. Auf der einen Seite ist unser Gehirn – so wie es existiert - mehrere tausend Jahre alt und gar nicht darauf programmiert, uns glücklich zu machen, sondern zu überleben. In der Steinzeit mussten wir ja eher aufpassen, dass wir nicht von einem Säbelzahn-Tiger gefressen werden als dass uns eine Tätigkeit erfüllt.

Auf der anderen Seite sehen wir heute immer öfter, wie junge Menschen durch Online Marketing via YouTube oder Instagram aus dem Kinderzimmer virtuelle Unternehmen aus dem Boden stampfen, mit Schmink-Tipps oder Reiseblogs ein lockeres Leben führen und dabei auch noch sehr viel Geld verdienen. Während unsereins im Büro irgendwelche Excel Tabellen jongliert.

Gehen wir zurück in unsere Schulzeit. Gute 10 Jahre drücken wir die Schulbank und lernen ja angeblich fürs Leben. Aber wie kommt es, dass kaum einer unserer 4 Lebenswerte wirklich gelehrt wird? Steckt dahinter vielleicht eine Absicht? Möglich ist alles…

Von meinem Mathelehrer hätte ich mir gewünscht zu erfahren, wie ich schnell 10.000€ verdiene, behalte und auch vermehre. Stattdessen habe ich mich ab der Mittelstufe mit binomischen Formeln, Satz des Pythagoras und später auch mit Ableitungen von Logarithmus-Gleichungen rumgeschlagen. In Sport bzw. Biologie wäre es vielleicht hilfreich beizubringen, wie man sich gesund ernährt, gesund bleibt oder auch die Umwelt gut behandelt. Stattdessen musste ich mir von einem Einzeller erklären lassen, wie ein Pantoffeltier korrekt beschriftet wird. In den Sprach-Fächern hätte ich mir vielleicht mehr etwas in Richtung Kommunikation gewünscht. Wie ich respektvoll mit meinem Gegenüber umgehe, gute Ideen verkaufe oder solide vor Menschen rede. Wer hat schon Respekt vor einem fachlich top ausgebildeten Menschen, der aber nicht drei Sätze geradeaus reden kann?

Das berufliche Glück fällt während der Schulzeit leider komplett unter den Tisch. Warum gibt es in der Schule schon früh eine Unterteilung in Haupt- und Nebenfach? Jemand, der ein grandioser Musiker oder vielleicht Schauspieler sein wird, aber in den sogenannten Hauptfächer nichts taugt, bleibt sitzen und bekommt den Stempel aufgedrückt, ein Versager zu sein. Andersrum wird einem Mathe-Ass vorgegaukelt, er könne später erfolgreicher Ingenieur werden. Aber ob man als Ingenieur tatsächlich am Reißbrett irgendwelche mathematischen Gleichungen löst, wage ich zu bezweifeln. Und wehe der Flugzeugingenieur verrechnet sich bei der Turbinenkonstruktion, fliegt das Flugzeug dann nur noch rückwärts?

Gefühlt kann man 50% des Schulwissens weglassen, was natürlich nicht heißt, dass man nach der Hälfte der Schulzeit die Schulkarriere beenden kann. So einfach ist dann doch nicht. Interessanter finde ich allerdings das Resultat. Über die Jahre gewöhne ich mich daran, von Montags bis Freitag keinen Spaß zu haben, es sei denn, ich habe gute Noten. Diese wirken wie eine Belohnung. So wundert es nicht auch nicht, dass viele erst gar nicht nach einer spaßigen, erfüllenden Tätigkeit Ausschau halten. Sondern vor allem nach gutem Lohn. Befeuert wird das ganze durch Mantras wie „Arbeit soll keinen Spaß machen" oder auch gerne genommen „Zuerst die Arbeit, dann das Vergnügen". Oder wie wäre es mit „harte Arbeit zahlt sich aus"? Klar muss man viel Energie in seine Arbeit reinstecken, aber es muss einem ja nicht anstrengend vorkommen.

Ich reise teilweise sechs Stunden hin und sechs Stunden zurück, nur um zwei Stunden in einem Club zu spielen. Ohne diese zwei Stunden würde ich diese Reiserei als nervig und anstrengend empfinden. Die zwei Stunden auflegen sind wohlgemerkt auch anstrengend, geben aber gleichermaßen Energie, Spaß und geben vor allem der Reise einen Sinn. Menschen, die bereits ihren Traumjob ausüben, können es wahrscheinlich ebenso bestätigen.

Je mehr sie arbeiten (zu einem gewissen Grad), desto mehr Energie haben sie. Erfolg ist per Definition „das Erreichen von Zielen". Ich persönlich finde Spaß an der Tätigkeit bzw. Freiheit wichtigstes Ziel. Geld ist für mich nur ein Instrument, um Freiheit zu erlangen, daher zwar auch relevant, dennoch nur an zweiter Stelle.

Ich stolpere jedes Mal über die Formulierung „XY ist erfolgreicher Verkäufer". Selbst, wenn jemand Millionen mit seinem Job macht, dabei aber todunglücklich ist, wie kann er dann erfolgreich sein? Stattdessen wird der Erfolg durch Materielles sichtbar gemacht. Menschen kaufen sich teure Klamotten, Autos, Häuser. Lauter Dinge, die sie brauchen, um Menschen zu beeindrucken, mit denen sie nicht einmal einen Kaffee trinken würden. Finanziert von den Jobs, die sie hassen. Was für ein Hamsterrad! Mach Dich frei von der Schule und der negativen Meinungen Deines Umfelds.

Arbeit kann Spaß machen, wenn Du es selbst zulässt!

Der Sinn des Lebens ist, den Sinn des Lebens zu finden. (Buddha)

Lass uns die Werkzeugkiste endlich aufklappen. Ich möchte Dir meine wichtigsten Tools mit an die Hand geben, damit Du einfacher zu Deinem Traumjob kommst. Auch wenn Du glaubst, dass Dich nichts wirklich begeistert, möchte ich Dich einladen, folgende Methoden auszuprobieren.

Bestenfalls findest Du ja Dein Berufsglück. Bitte nimm Dir auch viel Zeit und Geduld für alle Methoden. Teste sie gerne über einen Zeitraum aus und wiederhole sie. Wiederhole sie und wiederhole sie. Die Frage nach dem Sinn des Lebens ist nun mal einer der schwierigsten Fragen überhaupt. Die wenigsten Menschen finden die Antwort drauf und geben sich mit einem „ganz ok" Leben zufrieden. Es liegt an Dir und Deiner Denkweise, wie Du Dein Leben gestalten möchtest.

Nehmen wir an, dass Du noch nicht in Deinem Traumberuf arbeitest, weil Du einfach so wie ich damals nicht weiß, was es denn sein kann. Dann find ich es ratsam, sich die richtigen Fragen zu stellen, statt zu sagen „ich weiß nicht, was ich beruflich machen soll."

Beispielsweise könnte eine passende Frage lauten:

„Wie kann mein Traumjob aussehen?"

Beides geht von der gleichen Ausgangssituation aus, jedoch hat die Frage den Vorteil, dass das Gehirn zum Nachdenken angeregt wird. Vor allem, wenn Du Dir die Frage auf einen

Zettel schreibst, ihn beispielsweise an den Spiegel im Bad klebst und ihn täglich beim Zähneputzen siehst.

Ich selbst habe meinen Traumjob durch ein Seminar entdeckt, rückblickend kann ich aber sagen, dass folgende Frage mich in die richtige Richtung gelenkt hat:

Welche Tätigkeit macht dir so viel Spaß, dass du sie sogar umsonst machen würdest? Oder noch besser: *Welche Tätigkeit macht dir so viel Spaß, dass du sogar dafür bezahlen würdest, um sie auszuüben?*

Im zweiten Schritt suchst Du Dir einfach möglichst viele Menschen, die möglichst viel dafür bezahlen würden. Jetzt erzähl mir nicht frustriert, dass Du gar nichts machst, ohne Geld zu kassieren. Vielleicht gibt es auch ein Gesprächsthema oder nur ein einziges Stichwort und Du feuerst direkt einen Monolog ab, weil z.B. zu wenige Elektrofahrzeuge auf der Straße unterwegs sind oder weil Du Schlaghosen fies findest oder weil Du weiße Rosen einfach traumhaft findest. Noch was:

Bloß weil Du absoluter Fußballfan bist, musst Du nicht direkt Fußballprofi werden. Vor allem nicht, wenn Du das Talent nicht mitbringst. Aber vielleicht kannst Du Fußball-Fitnesstrainer werden, im Club selbst arbeiten, Schiedsrichter, Kommentartor, Fotograf oder Kameramann beim Spiel werden, Stadionsprecher, als Journalist darüber schreiben, bei einem Sportsender anheuern, bei einem Fußballausrüster eine Position besetzen, beim Spielermanagement oder Sponsoring anfragen, im Catering des Stadions arbeiten und und und. Deine Spielwiese auf der sich Deine Jobs befinden ist wahrscheinlich größer als Du denkst.

Eine Mindmap kann das nochmals sehr verdeutlichen. Bitte bedenke auch, dass es nicht zwingend eine Berufsbezeichnung geben muss für Deinen Traumjob. Deine Dienstleistung oder Produkt muss lediglich legal und moralisch vertretbar sein und natürlich Geld abwerfen. Vielleicht bietest Du Deine Skibox fürs Auto über ebay Kleinanzeigen zur Vermietung an. Die Nachfrage steigt und nach und nach kaufst Du mehr Skiboxen dazu und wirst Skibox-Verleiher. Jede Idee klingt lächerlich bis jemand damit Geld macht.

Auch wenn wir alle gerne mal faul rumliegen und nichts machen, braucht jeder Mensch eine Aufgabe. Der millionenschwere Schauspieler, der jedoch aufgrund eines Skandals keine Angebote mehr bekommt, schaut irgendwann nur noch in die Röhre. Ebenso der Fußball-Star, der nur auf der Ersatzbank rumlungert, weil der Trainer ihn nicht mag. Wir möchten alle Anerkennung, wohl gemerkt aber nur für das, was wir gerne machen und das Gefühl haben, gebraucht zu werden. Zum Ende meiner Laufbahn als Werber hat eine meiner Print-Anzeige noch internationale Preise eingeheimst und die Agentur damit wichtige Punkte fürs Ranking kassiert. Während meine Vorgesetzten die Korken haben knallen gelassen, habe ich nur frustriert den Champagner weitergereicht. Die nächste und sehr kraftvolle Frage, die Du Dir stellen kannst, lautet:

Was würdest du machen, wenn du bereits sehr viel Geld auf dem Konto hättest und erholt vom Urlaub kommst?

Die Antwort auf diese Frage ist Dein Ziel. Meine Antwort wäre sehr eindeutig, ich würde immer noch durch die Clubs und Events ziehen und den Leuten eine gute Zeit bereiten. 90% meiner Auftritte finden zwar zur Abendstunde am Wochenende statt, aber ich würde auch Montags morgen voller Freude aus dem Bett springen. Der Spaß, der mich auf der Arbeit erwartet, würde mich automatisch aus dem Bett ziehen. Das ist auch Dein Vorteil gegenüber denjenigen, die den gleichen Job mit weniger Leidenschaft betreiben. Du bist immer bereit, einen Schritt mehr zu gehen als Deine Konkurrenz.

Wenn Du zu viele Gedanken oder vielleicht auch zu wenige Gedanken hast, dann hilft vielleicht folgender Vorschlag. Setze Dich an einen ruhigen Ort und öffne ein Word Dokument auf Deinem Laptop. Jetzt beantworte die Frage schriftlich: „Wie sieht mein Traumjob aus?". Tipp einfach drauf los und lass alles aus Deinen Kopf, ohne Einwände und ohne zu grübeln. Es gibt hier kein richtig oder falsch, es müssen auch nicht vollständige Sätze entstehen. Der Vorteil bei dieser Übung ist, dass das Unterbewusstsein sehr stark angezapft wird. Und das macht ja bekanntlich bis zu 90% unserer Entscheidungen aus. Irgendwann kommt Dir eine Antwort, bei der Du Freudentränen bekommst, weil es genau Dein Ding ist.

Zu guter Letzt…

Ich habe an diesem Buch mitgeschrieben, weil ich Dir und möglichst vielen Menschen helfen möchte, das persönliche berufliche Glück zu finden. Es ist mein kleiner Beitrag für eine bessere Welt. Stell Dir mal vor: Du bist jeden Tag gut gelaunt. Montags morgen steigst Du in die Bahn und siehst nur freundliche Gesichter. Sogar der Kontrolleur fragt mit einem Lächeln nach den Fahrkarten. Auf der Arbeit sind Deine Kollegen und sogar der Chef mega entspannt, weil niemand mehr Interesse an Machtspielchen hat. Du gibst von ganz alleine immer Dein Bestes und verdienst dadurch automatisch mehr Geld. Zuhause bist Du ein besserer Partner oder auch Elternteil. Durch die Zufriedenheit bleibst Du auch länger gesund und hast mehr Energie. Egal, mit welchen der 4 Lebenswerten Du anfängst, das 4x4 des Lebens rechnet sich. Ich wünsche Dir viel Spaß, Erfolg und Energie auf Deiner Reise zum Traumjob.

Lust auf einen unterhaltsamen Vortrag mit mir? Hast Du Feedback? Schreib mir gerne eine Mail, ich freue mich von Deiner Reise zu hören, ganz egal, wo Du gerade stehst.

Dennis Tjoeng (Sprich Tschung) ist im wahren Leben unter dem DJ-Namen Mr. Nice Guy bekannt. Ende 2011 legt er entschlossen seinen verhassten Bürojob nieder, um sein Leben so zu leben, wie er es sich wünscht. Wenn sein Terminkalender als DJ es zulässt, spricht Dennis als Experte zur Traumjobsuche.

Wer sich bereits bei Dennis gemeldet hat:
1Live, Zeit Online, Focus, Bild am Sonntag, Bild.de, Berliner Kurier, Verlag für deutsche Wirtschaft, Ego FM uvm.

https://www.mrniceguy.me
https://www.instagram.com/mrniceguy79/
https://www.facebook.com/Mrniceguy79/
rednerdennis@gmail.com

Beziehung

Sebastian Dietz

Selbsterkenntnis und Verantwortung

In diesem Teil des Buches über die 4 Lebenswerte ist es das Ziel des Autors, Dich mit auf eine Reise durch Dein bisheriges Leben nehmen. Du sollst Dir selbst die Fragen stellen, wie Deine Gedanken, Deine Emotionen, Deine Gefühle, ja, Deine innenliegenden Glaubessätze, Dein Handeln und Verhalten geprägt haben.

Möglicherweise ist das Wort Selbsterkenntnis in Deiner Empfindung etwas zu groß, vielleicht passt es wegen seines überwältigenden Gewichtes aber auch gerade.

„Wie wäre Dein Leben verlaufen, wenn …“ noch viel wichtiger: „Wie könnte Dein Leben weiter verlaufen wenn …“ Du Deine Umwelt anderes bewertest und behandelt hättest und in Zukunft behandeln und bewerten würdest.

Um diese Kausalitäts-Hypothesen drehen sich die Gedanken dieses Lebenswertes, der BEZIEHUNGEN.

Womöglich können Dir diese Hinweise in Verbindung mit der einen oder anderen Empfehlung eine neue Perspektive eröffnen, mit der Du vielleicht Dein soziales Leben begünstigen kannst, auf Deine Ziele in der gewünschten Lebensqualität ausgerichtet.

Du solltest, wenn Du es ernst meinst, die Empfindungen und Spiegelungen Deiner sozialen Umwelt direkt auf Dich beziehen und wirklich ehrlich daran interessiert sein, diese zu verstehen und in Dir zu erforschen.

Dies gelingt Dir aus der Erfahrung des Autors nur dann – und nur dann! – wenn Du bereit bist, schonungslos offen zu Dir selber zu sein und Vorwürfe gegenüber Deinen Mitmenschen aus Deinen Gedanken zu verbannen. Du solltest bereit sein, die Position im Denken und Fühlen Deines Gegenübers zu akzeptieren und als Maßnahme seiner inneren Steuerung zu bewerten.

Er oder sie darf so sein, weil es in seinem, in ihrem Modell und System in diesem Augenblick nicht anders möglich war entsprechend zu handeln, ... sich dies anzugewöhnen. Weil sein/ihr Verhalten für ihn/sie zu etwas dient und aus dem Inneren heraus erforderlich war und ist.

Ob Du mit dem Verhalten umgehen kannst und diesen Menschen weiter in Deinem Leben behalten möchtest, klar Stellung beziehst und Dir nicht alles gefallen lässt, ist Deine Entscheidung. Aber gewinne die Besonnenheit, bewusst und mit klarem Kopf das Verhalten der Menschen von dem Individuum, der Person und der Wertschätzung im Grundsatz zu trennen.

Wir Menschen haben immer eine Wahl. Im Verhalten, in Entscheidungen, immer! – Die Frage ist nur, ob wir bereit sind den „Preis“ zu bezahlen, den das Leben für die Entwicklung, das Erreichen unseres Zieles, festgelegt hat.

Neben dieser Offenheit und Ehrlichkeit zu Dir selbst ist es aufbauend auf diesem Gedanken genauso wichtig, für Dich zu beschließen, dass Du etwas an Dir, Deinem Denken, Deinem Verhalten ändern möchtest.

Kurzum: der wirkliche Wille etwas zu verändern und breche auf in ein neues – besseres Leben

Denn nur wenn Du diese Entscheidung bewusst für Dich triffst und in Dir ankerst, hast Du eine Chance, dass die Veränderung gelingt und das neue Fühlen, Denken und Handeln mit der Zeit ein natürlicher Teil von Dir wird und Dein neues Leben beginnt.

Generalabsolution für Leser

Viele Unternehmerfreunde mit denen ich regelmäßig verschiedenste Seminare zur Persönlichkeitsentwicklung besuche, pflegen Bücher stets als Arbeitsmaterial zu verwenden, sich Notizen darin zu machen, zu makern und es immer wieder hervorzuholen und die Inhalte mit neuer Perspektive in einer neuen Zeit neu zu erfassen und zu bewerten.

Andere wiederum sehen ein Buch, das geschriebene Wort, als etwas derart Besonders an, dass sie es nicht wagen auch nur eine Seite zu knicken geschweige denn hinein zu schreiben.

Wieder andere kaufen sich jedes Buch zweimal, um mit gutem Gewissen beides tun zu können. Ich persönlich höre zunächst das Hörbuch. Wenn der Inhalt für mich wichtig ist, kaufe ich das Buch und vertiefe.

Von mir hast Du die Erlaubnis, alles mit diesem Werk zu veranstalten, das Dich weiter bringt!

Also dann - fang bei Dir selber an!

Sebastian A. E. Dietz

Wohlmöglich kannst Du Dir bildhaft vorstellen, wie ich hier in einem gläsernen Turm im Herzen meiner Heimat – dem Ruhrgebiet – an der Glasfront des 14ten Stockwerkes sitze, abwechselnd auf das Display des Laptop und nach Außen in die Stadt blicke. Meine Gedanken schweifen umher und drehen sich um die Botschaften, die ich Dir aus den Tiefen meiner Seele über viele persönliche Erfahrungen destillieren und greifbar machen möchte.

Welche grundlegenden Erkenntnisse und Denkstrukturen haben mein Leben in den vergangenen zwei Jahren so viel verbessert und wie transportiere ich sie zu Dir?

Wie konnte diese Entpuppung ermöglicht werden?

Die erste Aufgabe, zu der mich meine Gedanken führen, scheint schon die schwerste zu sein.

Was muss, soll, darf ein Leser über den Autor dieser Botschaft wissen?

Was steht mir zu, über mich selber zu sagen?

War ich wirklich der Sonderling in der Familie, der Schule, dem Leben als der ich mich damals immer fühlte? Wie kam es dazu? Was brachte mich in diese Rolle? Inwieweit hatte die gefühlte oder reelle Situation Einfluss auf mein Denken, damals und heute?

Eine wichtige Frage, über die ich selber seit einigen Jahren nachdenke und die ich mit Freunden und Fachleuten bespreche, ist vielleicht die elementarste dieses Buchbeitrages.

„Wer ist Sebastian Dietz und was zeichnet ihn als Charakter aus, was macht ihn glücklich – macht mich im Hinblick auf den Kosmos der Beziehungen glücklich?"

Natürlich sollst Du nicht mit darüber nachdenken, wer ich bin, sondern:

Wer Du bist. Was zeichnet Dich aus? Was macht Dich, gerade im Hinblick auf soziale Einflüsse, glücklich? Was macht Dich als Charakter aus?

Trocken aber bewährt, der **Steckbrief:**

Sebastian Andreas Erik Dietz
geboren am 16.05.1987 in Mülheim an der Ruhr
eine Tochter von 2011
Kaufmann, staatlich geprüfter Betriebswirt, Unternehmer, Keynote-Speaker und Autor

Hört man Rezensionen und Kritiken von Büchern, Schauspielen oder dem Theater, so werden diese Werke stets ausführlich in den richtigen Kontext aus der Zeit, der Lebenssituation und dem Menschen gebracht, der Sie verfasst hat. Getreu dem Glaubenssatz „Man kann nur über etwas schreiben, dass man erlebt oder erspürt hat", soll uns dies Aufschluss geben, welche Lehren wir aus der Geschichte ziehen können.

Eine gute Methode aus meiner Sicht, die wir auch für mein Werk als Teil des gesamten Buches zum 4x4 des Lebens nutzen wollen.

Lassen wir also lieber die Menschen Sebastian A. E. Dietz vorstellen, die mit ihm leben und arbeiten. Kurzum, die ihn häufig erleben und einen Teil ihres Lebens mit ihm teilen.

Genau wie Du lehne ich mich also nun zurück und harre der Dinge, die da kommen, denn ich habe eben Jene um eben dies gebeten.

„Wenn ich an Sebastian denke, habe ich einen sehr nachdenklichen und emotionalen Menschen vor Augen. Es gibt Menschen, die denken nur an sich - Egoisten (stets im positiven Sinne). Dann gibt es da noch Menschen, die denken nur an andere – Altruisten. Und dann gibt es da noch den Dietz - der denkt an beides. Für meinen Geschmack zerbricht er sich manchmal zu sehr den Kopf für andere und quält sich oft selbst damit, indem er für die Probleme anderer ein zu großes Maß an Gefühlen aufbringt, welches in letzter Konsequenz ihn selbst bekümmert.

Wenn man die alte Weisheit „Deine innere Welt, ist ein Spiegel deiner äußeren Welt!" heranzieht, dann ist Sebastian ein offenes Buch. Anhand seiner Mimik ist innerhalb von Sekunden zu erkennen, ob ihn etwas beschäftigt oder sogar belastet. Gern hat man ein Ohr für ihn, denn in den meisten Fällen betrifft es dann Dinge, die nicht oberflächlicher Natur sind, sondern grundlegende Entscheidungen erfordern. Nicht selten, reflektiert man sich unbewusst ebenfalls mit der Situation und kann anhand der sehr offenen Gespräche beidseitig sehr gewinnbringende Erkenntnisse mitnehmen.

Aber er ist nicht nur oft sehr nachdenklich, sondern auch in gleichem Maße lebensfroh und lustig! „Lieber Feinde gemacht, als eine Pointe nicht gebracht!", lautet das unausgesprochene, aber gelebte Motto.

Aus diesem Grund macht es viel Spaß und Freude, Zeit mit ihm zu verbringen. Tiefsinnig und Lebensfroh zu sein, ist eine Mischung, die nur wenige haben.

Auch ist Sebastian sehr euphorisierend. Aufgepasst: Seine Offenheit und Abenteuerlust ist sehr ansteckend!

Zusammenfassend kann man sagen, dass Dietzi ein Mensch ist, den man gern um sich hat und sehr zu schätzen weiß, wenn man erkennt welch großes Herz er doch hat."

Sven Hildebrand, enger Geschäftsfreund, Bochum

„Sebastian, Du hast mich gebeten, Dich aus meiner Wahrnehmung aus unserem Zusammensein offen zu bewerten und zu beschreiben. Ich möchte das ganz gern in Form einer Pro und Contra Auflistung tun.

Pro

Du arbeitest ständig an Dir selber und hast immer wieder ein Ohr dafür, wenn Dir andere Sichtweisen auf Probleme oder Situationen aufzeigt werden. Du bist bereit und direkt dabei, Dir über diese neuen Sichtweisen Gedanken zu machen.

Dass Du das tust ist in unseren Gesprächen zu diesem Thema in der Regel schnell und deutlich zu erkennen. Ich finde, Du legst Wert darauf, Dich selber weiterzuentwickeln bzw. die Beziehungen zu meinem Gegenüber. Du schöpfst sämtliche Dir gegebenen Möglichkeiten aus indem Du Dich mit Büchern beschäftigst. Suchst Rat an professioneller Stelle und bei Deinen engen Freunden, wenn Du meinst, dass deren Rat gerade in dieser Sache angebracht sein könnte.

Gibst dann nicht schnell auf und weißt um die Dinge, die Du an Dir selber bearbeiten willst, gibst diese preis und hältst diese zum größten Teil in Deinem Bewusstsein. Sämtliche Möglichkeiten schöpfst Du aus und sondierst, welcher für Dich der richtige Weg ist. Dabei verurteilst Du auch nicht die Wege und Vorschläge Anderer, die eventuell nicht zu Dir passen.

Kurzgefasst finde ich es sehr positiv, dass Du sehr viel Wert auf Deine eigene Weiterentwicklung legst und immer ein Ohr für etwas Neues hast.

Contra

Ich finde an deiner Entwicklung nicht so gut, dass Du Dir selber wenig die Möglichkeit gibst, mal abzuschalten. Gerade was Deine Firma und aktuelle Schwierigkeiten in komplexen und unvermeidbaren zwischenmenschlichen Beziehungen angeht. Du bist dann im Gespräch nicht ganz bei mir, sondern mit den Gedanken in diesen für Dich unbehaglichen Situationen.

Daran merkt man, dass Dir Dein Lebenswerk und die Beziehungen zu anderen Menschen geschäftlich und privat extrem wichtig sind. Das führt dann aber auch gelegentlich dazu, dass die offenen Gespräche, die wir führen, von Deinen negativen Gefühlen beeinflusst sind und Deine Stimmung sehr stark ins Negative dreht. Das geht dann auch nicht spurlos an uns, Deinen Freunden und Deiner Familie vorüber.

Das erzeugt den Eindruck, dass Du Dich selber in dem Wunsch verlierst, immer alles richtig machen zu wollen. Dein Umfeld nimmt Anteil und wird dadurch in solchen Momenten mit in diese Stimmung gezogen.

Es wäre schön, und ich wünsche Dir, dass Du Dich aus diesen gefühlten Zwängen lösen kannst, weil Du eben sehr stark daran arbeitest, wirst Du das auch schaffen!"

Marc Dahl, enger Freund, Essen

„Ich bin Sabrina und seit 16 Jahren Sebastians beste Freundin. Ich halte Sebastian für einen selbstbestimmten und sinnorientierten Menschen, sowohl in seiner Arbeits-, als auch in seiner Lebensweise. Er zieht „sein eigenes Ding durch".

Es ist für meinen besten Freund eine ziemliche Herausforderung, all seine wichtigen Termine unter einen Hut zu bekommen, alle zufrieden zu stellen und dabei nicht selbst auf der Strecke zu bleiben gerade weil er so viele Themen vorantreibt. Es ist für uns jedoch klar, dass Sebastian sehr großen Wert auf unsere Freundschaft legt. Nach außen hin geht er alles mit einer Lockerheit an, die bei genauem Hinsehen aber als „Schutzpanzer" von mir wahrgenommen wird.

Als mein bester Freund schätze ich deinen stets guten und beständigen Charakter und dein immer faires Benehmen. Du bist mir gegenüber immer ehrlich, sagst immer die Wahrheit und verträgst es auch, wenn ich dir die Wahrheit/meine Meinung sage. Du bist offen, authentisch und kommunikativ, egal ob wir uns sehen oder schreiben. Du zeigst Feingefühl und bemerkst Dinge, ohne dass ich sie erwähne. Du bist ermutigend, hilfsbereit und gibst mir immer Kraft und Hoffnung, wenn es mir nicht gut geht. Du bist fröhlich, lustig und ich genieße deine Gesellschaft. Ich kann mich immer auf dich verlassen. Dieses Wissen löst in mir Sicherheit aus und daraus ist unsere Freundschaft zu Familie gewachsen. Du bist für mich und Christoph (und unsere Kinder) ein konstanter, standhafter und verlässlicher Teil der Familie - ein wahrer Freund zu jeder Zeit.

Sebastian, ich wünsche dir, dass du lernst, dir selbst (und anderen) zu vergeben. Du musst aufhören dir Sachen vorzuhalten und darüber nachzudenken „was wäre gewesen, wenn", egal in welcher Situation. Achte dich selbst und erkenne deine Leistung und Fähigkeiten an."

Sabrina Kaldenhoff, Familie, Essen

„Ich habe dich als offenen und sehr loyalen Menschen kennengelernt. Du gehst vorwärts, wie es viele nicht können. Mich hat immer beeindruckt wie offen und vorbehaltlos Du auf Menschen zugehst und wie offen du diesen deine Ideen und Meinungen offenbarst. Dass dich das angreifbar macht und dass du manchmal vor die sprichwörtliche Wand läufst, hat dich nie davon abgehalten. Chapeau!

T.R., Freund, Mönchengladbach

Wir haben uns vor über zehn Jahren über einen gemeinsamen Freund kennengelernt – einem Fall von einer unerwarteten Begegnung - und damals konnten wir uns gegenseitig nicht sonderlich gut leiden. Am Anfang kamst Du durch Dein sehr korrektes und überordentliches Auftreten etwas schnöselig rüber. Weil ich als Typ wie Du auch sehr offen bin, habe ich Dich so angenommen uns Dich schnell als offenen und lebensfrohen Menschen kennengelernt.

Du weißt Dich bewusst und gezielt auszudrücken und das ist etwas, dass bei Dir gang und gäbe ist.

Wir haben zusammen über die Jahre wirklich viel durchgemacht und schnell bist Du zu einem meiner besten Freunde geworden, auch wegen Deiner Offenheit. Auch wenn Deine Gutherzigkeit Dich angreifbar macht, weil Du Dir keinen Kopf darüber gemacht hast, dass es Leute gibt, die nicht so gutherzig sind wie Du es bist. Darum bist Du auch schon öfter mal auf die Schnauze geflogen.

Das ist die Kehrseite Deiner Werte und deshalb sind wir auch so gute und enge Freunde - weil wir das ähnlich sehen und handhaben. Darin bist Du unverbesserlich, dass macht Dich aber auch zu dem Menschen, der Du bist.

Du ziehst die Sachen durch, die Du dir vorgenommen hast, egal was wir Anderen dazu sagen. Nimmst Dir zwar die Ratschläge zu Herzen, ein Rat gegen Deinen Plan ist aber nicht direkt ein K.O.-Kriterium. Das ist ein sehr interessanter Punkt an Dir, Du hast richtig gute Freunde, die Dir auch und gerade in schweren Zeit zur Seite stehen und Dich immer auffangen. Dem kannst Du Dir sicher sein.

Was soll ich noch über Dich sagen, Du bist halt eine Marke für sich! Immer drauf los, einer der wirklich wenigen Menschen, die ich als Autoliebhaber meine Autos fahren lasse, das heißt wirklich etwas ;-).

Ich würde Dir alles guten Gewissens anvertrauen, und das sagt gerade bei mir viel über Dich aus."

T.G. Freund, Voerde

Nach diesen bewusst ungeschönten, ungefilterten und unbearbeiteten Eindrücken über den Co-Autor dieses Buches Sebastian A. E. Dietz, die sehr persönlich waren, vielleicht zu persönlich in den Augen mancher, hast Du Dir bestimmt ein erstes Bild über diesen Menschen gemacht. Hast ein Gefühl gewonnen zu der Person, die seine Gedanken, Ideen und Impulse mit Dir teilen wird, in der Hoffnung, Dein Bewusstsein für Themen zu öffnen, die den Autor sehr bewegt haben und weiterhin bewegen und begleiten.

Grundsätzlich könnte sich in Dir die Frage auftun, warum jemand zum Thema Beziehungen referiert und schreibt, der doch offensichtlich selber mit diesen Dingen und mit sich selber sehr beschäftig ist. Jemandem der sich als Lehrling des Lebens betrachtet. Sollte dieses Kapitel nicht besser jemand behandeln, dem diese Probleme fremd sind? Von jemandem, dessen Beziehungen immer sehr entspannt und gradlinig verlaufen, jemandem, der als wirkliches Vorbild in Einstellung und Verhalten dienen kann?

Oder ist es möglicherweise gerade gut mit jemandem darüber zu sprechen, dem die Herausforderungen bewusst sind und der die Arbeit mit sich selber eingeht? Entscheide selbst!

Die Reise des Lebens

Lass uns gemeinsam eine kleine Traumreise unternehmen. Wir bedienen uns des Bildes des Lebens als eine Reise, einer Wanderschaft. Häufig findet diese Wanderung auf ein unbestimmtes Ziel hin statt.

Einige Wegstrecken der Wanderschaft werden wir manchmal als sehr beschwerlich empfinden. Wir treffen vielleicht auf unwegsames Gelände, Steine, Geröll, schlechtes Wetter,

Gegenwind, der eine oder andere steile Aufstieg wird auch zu bewältigen sein.

Andere Teile des Weges werden wir hingegen als erholsam empfinden. Vielleicht wandern wir über wundervolle Hochebenen im Sonnenschein, genießen weite Blicke über das Land, über Felder, durch Täler und riechen frisches, saftiges Gras, das sich im Winde wiegt, ... hast Du den Duft in der Nase? Manchmal hören wir vielleicht ein paar Vögel in der Weite zwitschern, ...kannst Du die lieblichen Geräusche vernehmen? ... Den Wind zwischen den Halmen und die Gesänge der Vögel hören?

Kein Leben verläuft geradlinig. Wir genießen nicht nur derlei erfreuliche Kulissen. Jedes Leben weist Höhen und Tiefen auf.

Doch wie soll mein Leben aussehen – Wie soll ich in Erinnerung bleiben?

Die Einstellung zu den Dingen

Wir selber haben auch nur bedingt Einfluss darauf, welche Abenteuer uns auf den Pfaden begegnen, die wir wählen um wichtige Zwischenziele zu erreichen. Haben wir denn überhaupt wichtige Zwischenziele geplant oder lassen wir uns bewusst oder unbewusst treiben.

Denn das Einzige auf das wir wirklich vollen Einfluss haben in unserem Sein, ist die Einstellung zu den Dingen und die daraus resultierende Stimmung, die innere Haltung, mit welchem Gemüt wir den unausweichlichen Abenteuern begegnen.

Es gibt Berichte von Menschen die grausame Erlebnisse über lange Zeiträume durchgestanden haben ohne seelischen Schäden davon zu tragen, weil sie ihre innere Einstellung zu ihrer Situation gesund ausgerichtet haben. Nennen wir es Selbstbetrug oder Realitätsverlust, aber es hat sie geschützt.

Nehmen wir Herausforderungen bewusst an und entscheiden uns mit frohem Mut, die Anstrengungen auf uns zu nehmen. Mit einem klaren Ziel vor Augen ergreifen wir das Heft des Handelns und treffen bewusste Entscheidungen.

Oder ergeben wir uns in unser vermeintliches Schicksal und kauern uns im Regen unter einen schützenden Felsvorsprung und verharren in der Hoffnung, dass uns schon irgendjemand zu Hilfe kommt?

Weggefährten

Doch ist der Weg des Lebens alleine zu meistern? Nein, wir gehen ihn mit Gefährten. Gefährten, von denen einige große Teile der Wanderung mit uns gehen. Andere Wegbegleiter teilen nur kleine Abschnitte mit uns. Einige Gefährten werden eine große Hilfe, eine Erleichterung sein, jedoch werden Andere eher eine weitere Aufgabe oder Herausforderung darstellen, zumindest in unserer Wahrnehmung.

An die meisten Gefährten werden wir uns erinnern. An die einen öfter und genauer, an die anderen seltener und schemenhafter. In unserem Unterbewusstsein sind jedoch alle diese Gefährten, unsere Erlebnisse und Erfahrungen mit ihnen auf unserem Weg ein wichtiger Teil der Wanderschaft, einer, der vielleicht sogar unser Denken, unser Handeln und somit unser Leben bereichert hat.

Wenn wir nun eines Tages am Ende unseres Lebensweges ankommen, werden wir uns umdrehen und zurückblicken. Erinnerungen werden in uns aufsteigen. Schöne Erinnerungen und lustige Momente aber auch traurige Augenblicke werden darunter sein.

Wir werden uns an Gabelungen erinnern, bei denen wir uns fragen, wohin uns der alternative Pfad geführt hätte. Haben wir dort etwas verpasst, wäre der Pfad weniger beschwerlicher gewesen oder hätte uns dieser andere Pfad vielleicht einen traumhaften Tag eröffnet, an ein besseres Ziel geführt?

Wir wissen es nicht, dennoch werden wir diese und andere Entscheidungen überdenken und einige sogar hinterfragen.

Eines ist sicher ... Wir werden uns immer an die wichtigen Gefährten erinnern, die mit uns an einer bestimmten Gabelung standen und mit uns überlegten, welcher Weg der richtige sein könnte.

Genauso wie unsere anderen Erinnerungen und Erfahrungen sickern die Charaktere und ihre Perspektiven in unser Denken ein.

Sicherlich ist Dir klar, dass der Mensch ein Säugetier ist, welches bereits im Genom darauf programmiert ist, Beziehungen zu andern Wesen aufzubauen. Dies ist der Fall, weil der Mensch gerade zu Beginn seines Lebens als Säugling radikal von der Hilfe anderer abhängig ist. Der Säugling ist allein nicht lebensfähig. Diese Programmierung unseres Genoms ist daher auf soziale Interaktion ausgelegt. Auf soziale Abhängigkeiten.

War die Beziehung, die wir zu Mitreisenden aufgebaut haben so, wie wir uns diese heute im Rückblick wünschen? Haben wir uns immer gegenseitig mit Wertschätzung behandelt? Einander ehrlich versucht zu verstehen, anderes Verhalten und Denken akzeptiert? Warum haben sich die Wege getrennt und wie haben wir uns gefühlt, als wir ohne diesen Menschen unseren Weg fortsetzten? Wahrscheinlich kennst Du auch dieses Sprichwort „Man weiß erst was man hat, wenn es verloren ist".

Bitte verstehe mich richtig. Wenn wir das Wort Beziehung hören denken wir häufig an eine Liebesbeziehung. Auf diese Art der Beziehung möchte ich mich in meiner Botschaft aber keineswegs beschränken, im Gegenteil, es geht mir um jede Form der zwischenmenschlichen Interaktion und Beziehung.

Denn wir können mit Menschen nicht nicht in Beziehung stehen. Genauso, wie wir nach Paul Watzlawicks Erkenntnis nicht nicht kommunizieren können.[1]

Alle unter dem Himmel

Auch, wenn Beziehungen zwischen Menschen zu Tieren oder von Menschen zu Gegenständen als Symbol und Anker der Erinnerungen für das Individuum von äußerster Wichtigkeit sein können, bleiben wir in der Betrachtung zwischenmenschlicher Beziehungen.

Wenn wir darüber nachdenken, welche Arten von Beziehungen es zwischen Menschen geben kann und welcher Natur diese Beziehungsarten von Hause aus sind, sehe ich drei Kategorien, die sehr differenziert voneinander sind.

Geschäftliche und professionelle Beziehungen

Wir, die Vertreter der Spezies des modernen Menschen (Homo sapiens), als Produktionsfaktoren der Volkswirtschaft, führen Beziehungen, die zu einem meist sachlichen Ziel führen sollen.

---

[1] *"Man kann nicht nicht kommunizieren." (Paul Watzlawick, Janet H. Beavin, Don D. Jackson. Menschliche Kommunikation. Huber Bern Stuttgart Wien 1969, 2.24 S. 53)*

Mehrere Personen, losgelöst von Sympathie oder Verbindung zueinander, schließen sich *professionell oder geschäftlich zusammen und verfolgen* nun monetär oder ideell motivierte Ziele. Typisch für diese Art von Beziehungen sind gemeinsame Arbeitsstationen in Unternehmen zwischen Kollegen, Vorgesetzten, Inhaber, Vorständen und so weiter.

Nun erkennen wir hier deutlich wie Menschen miteinander umgehen, wenn sie unter Druck geraten. Entweder äußeren Druck, weil ihnen der Vorgesetzte im sprichwörtlichen Nacken sitzt und Ergebnisse verlangt oder inneren Druck, weil die Person aus innerem Antrieb immer bessere Ergebnisse liefern und erreichen will. Wirst Du als Mitstreiter für ein gemeinsames Ziel eingeschworen? Wirst Du zu einem wichtigen Teil der Arbeitsgruppe und zu einem Elementarteilchen, das von erkennbarer und spürbarer Bedeutung ist? Oder wird mit Zielvorgaben, Konsequenzen, Kamingesprächen oder anderen Mitteln des Psychoterrors gearbeitet um den Mitarbeiter und seine Arbeitskraft vor sich her zu peitschen? Wenn Du über Deine Karriere nachdenkst, wirst Du Dich sicherlich, zumindest in Nuancen in einem dieser Typen oder einer Mischung daraus wiedererkennen. Denn in diesen Momenten zeigt sich die wahre Natur des früheren Jägers und Sammlers in Reinkultur.

Persönliche Beziehungen

Seit Anbeginn führen wir Menschen persönliche Beziehungen. Zum einen weil wir als Säugling darauf angewiesen sind oder weil wir die Gesellschaft von Individuen auf persönlicher Ebene schätzen und Interesse am Zusammensein hegen. Sowohl in Familien oder Freundschaften, in Sportvereinen oder in Interessengemeinschaften sind diese Beziehungen typisch. Nun verfolgen wir auch hier Ziele, jedoch ganz andere als in geschäftlichen oder professionellen Beziehungen. Wir wollen auch gemeinsam unser Privatleben und unser soziales Umfeld so angenehm, wohltuend und bereichernd wie möglich aufstellen. Wir investieren gern Zeit, Energie und Liebe in diese Beziehungen, weil wir diese Menschen als Bereicherung unseres Lebens empfinden und hoffen, dass wir auch eine Bereicherung für das Leben der Mitmenschen sind, oder?

Das ist wohl unser Ideal. Aber leben wir wirklich auf diese Weise? Oder finden wir auch und gerade im Privatleben die argen Situationen sozialer Inkompetenz? Kampf, Kontrolle, Misstrauen, der Zwang den Partner so zu bauen oder zu steuern, wie wir ihn gerne hätten, so, wie er für mich zu sein hat.

Unser Ideal: wirklich enge Verbindungen halten oft ein Leben lang, selbst wenn man durch Wirrungen der beiden Leben häufig nur wenig Zeit zusammen verbringt, selbst, wenn man sich Jahre nicht gesehen hat.

Soziale Interaktionen – scheinbar ohne direkte Verbindung

Die dritte Form der Beziehungsführung sehe ich persönlich als diejenige an, bei der man am besten erkennt, „welch Geistes Kind" ein Mensch ist. Es geht um zwischenmenschliche Interaktionen mit Fremden zum Beispiel an öffentlichen Orten, bei der das Individuum als unser Gegenüber vermeintlich keinen Wert für uns hat, wenn wir von Ihm *weder einen geschäftlichen, noch einen persönlichen Vorteil* erringen können. Wir sind weder seinem Urteil, noch seinem Wohlwollen ausgeliefert oder davon beeinflusst.

Denn wenn wir keinen eigenen Vorteil davon haben, uns Mühe dabei zu geben, dass sich ein Mitmensch von uns gut behandelt, wertgeschätzt, anerkannt fühlt, kurzum: wenn wir ihm einen angenehmen Augenblick bescheren - warum sollten wir dann in diesen Moment Bewusstheit und eine Form der Liebe investieren?

Genau dort zeigt sich aus meiner Erfahrung der Mensch von seiner wahren Seite.

Vielleicht ist er unfreundlich, schnauzt, greift möglicherweise sogar verbal wegen Nichtigkeiten an und wertet seinen Gegenüber keines Blickes.

Eventuell sagt er auch gar nichts, erfüllt die Handlung und wertet zum Beispiel den Mitarbeiter an der Kasse des Supermarktes wie einen zu Fleisch gewordenen Automaten, der lediglich zur Erfüllung seines Systemzwecks registriert wird.

Möglicherweise wird der Mitarbeiter, wenn wir bei diesem Beispiel bleiben, aber auch bewusst mit einem offenen und herzlichen Lächeln begrüßt, ein kurzer Smalltalk gehalten, etwas das nicht optimal gelaufen in eine freundliche Bitte verpackt und wohlwollend formuliert, als Vorschlag unterbreitet und eine gute Leistung des Mitarbeiters ehrlich anerkannt und mit guten Wünschen der weitere Weg wieder angetreten.

Am Rande möchte ich noch ganz beiläufig zu bedenken geben, was Dein Verhalten mit Dir macht. Du wirst Dich in manchen Situationen sicherlich auch im Recht sehen, obwohl dies von einem Außenstehenden als unangemessen bewertet wird. Doch was bringt Dir das? Was macht jeder Streit, jede Auseinandersetzung, jedes Greul mit Dir?

Ein bedeutender Kaiser des römischen Weltreiches, Mark Aurel (121 n.Ch. bis 181 n.Ch.) hat einmal gesagt, *"Auf die Dauer der Zeit nimmt die Seele die Farbe deiner Gedanken an."*

Ich denke, er irrt nicht!

Nun könntest Du mir eventuell zustimmen, wenn ich vermute, dass die familiäre Nähe nicht unbedingt in allen Fällen in direktem Zusammenhang mit der gefühlten Nähe und Verbundenheit zu den Menschen steht. Ebenso können Arbeitskollegen mit der Zeit zu Seelenverwandten werden.

Die soziale Kompatibilität, die Chemie zwischen Menschen, die bereits in der ersten Sekunde des Kennenlernens als erste und feste Verbindung entsteht, auch wenn es sicherlich manchmal Menschen gibt, mit denen sich die Beziehung über die Zeit wandelt.

Gesteuerter Nutzen oder natürlicher Selbstzweck

Nur um die typischen und häufigsten Arten und Gelegenheiten von zwischenmenschlichen Beziehungen einmal benannt zu haben, zähle ich die Liebesbeziehung, die familiäre Beziehung (Eltern, Kinder, Geschwister, Großeltern, Onkel, Tanten, Cousins usw.), die freundschaftliche Beziehung, die Geschäftsbeziehung zu Geschäftspartnern, die Arbeitsbeziehung zu Kollegen auf.

Daraus leitet sich noch nicht die Wichtigkeit und die Wertigkeit einer Beziehung für den Einzelnen ab. Immer mal wieder kommt es auch zu ungleichgewichtigen Bewertungen der Wichtigkeit von Beziehungen innerhalb eines Beziehungssystems.

Erstmal ist das nicht unüblich, wichtig ist jedoch, in solchen Fällen aus meiner persönlichen Sicht, dass offen über dieses Thema gesprochen wird. Sonst besteht die Gefahr, dass einer der Beziehungsteilnehmer wohlmöglich aus gefühlsmotivierten Gründen viel für den anderen tut oder mit großer emotionaler Beteiligung dem anderen gegenüber empfindet und handelt. Wohingegen das Gegenüber dies, bewusst oder unbewusst, unbeachtet lässt und somit die Gefahr einer Übervorteilung des Gefühlsmotivierten besteht. „Er hat mich ausgenutzt" – tönt der gefühlte Geschädigte dann möglicherweise.

Das führt bei dem Übervorteilten häufig zu schmerzhaften Erkenntnismomenten und Kummer. Einen Schuldigen oder Verantwortlichen auszumachen geschieht nur allzu oft, ist jedoch nicht unbedingt fair und selten erforderlich. Welcher Erfolg wäre denn auch zu erzielen? Denn grundsätzlich ist in Beziehungen eine Schuldfrage sachlich in den seltensten Fällen auszumachen. Und selbst wenn das so ist, wird es selten einen Konsens geben, da Einer sich dem Urteil des Anderen unterwerfen müsste – und wer will das schon.

Könnte daraus auch eine Verantwortung für jeden Beziehungsteilnehmer für die seelische Gesundheit und Gefühlswelt des Mitmenschen resultieren? Oder sind wir nicht für die Gefühle anderer verantwortlich, denn es ist ja seine Entscheidung und nicht von mir beeinflusst, wie er zu meinem Aussagen oder Handlungen steht, oder? Und für seine Gefühle kann ich ja schon mal überhaupt gar nichts! Oder vielleicht doch?

An diesem Punkt kommen wir zu einer für mich grundsätzlich sehr wichtigen Frage:

Wofür sind wir selber verantwortlich?

Wir sprechen heutzutage viel und in allen öffentlichen Diskussionen über Werte in verschiedensten Facetten des Lebens. Gerade bei Großkonzernen, die ja unbestreitbar die Politik und damit die Welt aktiv lenken, spricht der symbolische kleine Mann gern von Verantwortung.

Schon vom US-Amerikanischen Comichelden Spiderman lernen wir *„Aus großer Kraft folgt große Verantwortung"*. Doch wer lebt das heute noch wirklich? Wer übernimmt für irgendetwas wirklich die Verantwortung. Politiker sprechen häufig davon, Verantwortung zu übernehmen, und zeigen dies in der Aufgabe ihres Postens oder ihres Amtes. Ja Herzlichen Glückwunsch – aus den Augen aus dem Sinn.

Doch was bedeutet wirkliche Verantwortung im täglichen Leben?

Zwar haben wir als Menschen mit einem relativ klaren Bewusstsein im Allgemeinen eine freie Entscheidung, was wir tun oder nicht tun. Dieses „relativ" ist allerdings ein Einflussfaktor von äußerster Relevanz. Denn jedes denkende und fühlende Wesen steht unter verschiedensten sachlichen und emotionalen Einflüssen, die sein Handeln beeinflussen und oft einen Weg erzwingen, den wir ohne diesen äußeren oder inneren Zwang wohlmöglich nicht bestritten hätten.

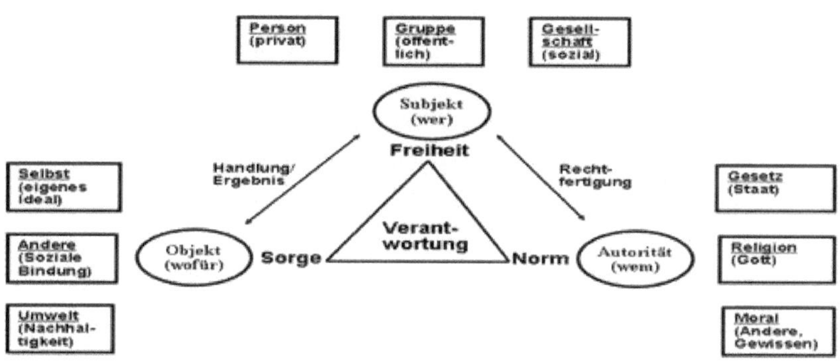

Lutz Hartmann - Eigenes Werk (Originaltext: selbst erstellt) / CC BY-SA 3.0

In dieser Visualisierung von Lutz Hartmann sind die Einflüsse auf Verantwortung aus der Umwelt recht deutlich zu erkennen. Vermutlich fallen Dir, wenn Du die zu Grunde gelegten Kategorien betrachtest, selber einige Momente aus den Erinnerungen ins Bewusstsein.

Äußere Einflüsse und innere Gedanken beeinflussen unser Verhalten, welches zwar immer eine gewisse Entscheidungsmöglichkeit in sich birgt, aber wie entscheidungsfähig sind wir wirklich bei der Kausalkette, deren Stein des Anstoßes unsere Entscheidung bedeutet? Wenn diese Entscheidung dann, so schwer sie ohnehin fällt, bisweilen noch dazu unbewusst getroffen wird, unterstellen wir uns dennoch, eine Wahl zu haben. Wohlmöglich müssen wir einen hohen finanziellen, sozialen oder irgendwie anders gearteten Preis auf uns nehmen, aber eine Wahl haben wir am Ende immer.

Die Entscheidung wird massiv von unserem Wertemodell beeinflusst, welches eine direkte Folge unserer Lebenserfahrungen und Ideale ist. Einige sind uns von unseren Eltern mitgegeben worden, andere von Freunden und der Umwelt in der wir aufgewachsen sind und wieder andere kommen aus uns selbst, aus der individuellen Bewertung dessen was wir erlebt haben.

Denn ein Ereignis ist niemals objektiv. Jeder Mensch bewertet und erlebt es in seiner eigenen Welt auf der Basis seines individuellen Wertemodells und Erfahrungsschatz.

Was bedeutet die Worthülse Wertemodell wirklich für uns, wenn wir es als Programmierung oder Handlungsrahmen für unsere Entscheidungen betrachten?

Was ist uns für uns wirklich wichtig? Häufig wägen wir zwischen verschiedenen Faktoren ab.

Nehme ich einfach stumpf lieber den Umsatz mit oder interessiere ich mich mehr dafür, ob der Kunde das wirklich braucht.

Nutze ich die Gelegenheit, die missliche Lage eines anderen Menschen für meinen Vorteil einzusetzen, oder finde ich einen Weg, der dienlicher ist?

Will ich jetzt unbedingt noch in zwölf weitere Geschäfte bummeln oder reichen die fünf, die ich bereits gesehen habe und erlöse meinen Partner von der Aufgabe, weil ich weiß, dass er es nicht gern macht und es vielleicht sogar eine Anstrengung für ihn bedeutet?

Empfehle ich das eine Unternehmen, bei dem ich weiß, dass mein Bekannter oder Freund einen fairen Preis zahlt und gute Leistung erhält oder empfehle ich das Unternehmen, bei dem ich eine Provision kassiere.

Schnauze ich die Kassiererin an der Kasse an, weil ich schlechte Laune habe und es wunderbar an ihr auslassen kann, weil ich keine Nachteile oder Strafe dadurch zu erwarten habe, oder bemühe ich mich aktiv und ehrlich, freundlich und höflich zu ihr zu sein?

Diese häufig scheinbar unbedeutenden und unbewussten kleinen Fragen stellen sich jedem von uns auf dem Weg unseres Lebens.

Geht es eher um die Konsequenzen für mich oder um die Konsequenzen für andere?

Die Empathie, die Gefühle seines Gegenübers nachempfinden zu können, ist lediglich der erste Schritt zu einer günstigen Handlung auf das Ziel eines guten sozialen Lebens, denn ob ich diesen Erkenntnissen Beachtung schenke, ist die eigentlich wichtige Entscheidung. Denn Empathie kann nun nicht nur für das Wohl des Mitmenschen eingesetzt werden sondern auch genauso gegen das Wohl einer Person.

Wir kommen also wieder an einen Punkt, an dem wir eine Entscheidung treffen müssen. Stressig, oder?

Der Diplompsychologe, kognitiver Verhaltenstherapeut, psychologischer Berater und Autor Jens Corssen beschreibt den Menschen als Preisvergleicher, der seine Entscheidungen danach trifft, welchen Preis eine Entscheidung hat.

Bin ich unter Umständen sogar bereit einen Vorteil für mich aufzugeben oder gar einen Nachteil in Kauf zu nehmen, um eine andere Person zu schützen, zu bewahren oder ihr einen Vorteil zu verschaffen?

Dies bedeutet aus meiner Sicht für unser Denken und unser Handeln, dass wir wieder die Verantwortung übernehmen sollten. Verantwortung für unser Denken und Handeln, um es dann optimal auf das Ziel auszurichten, das wir uns selber im Hinblick auf zwischenmenschliche Beziehungen gesteckt haben.

Wofür tun wir das, was wir tun, in Wirklichkeit?

Nun müssen wir bei allem Idealismus so ehrlich sein und erkennen, dass wir am Ende eigentlich alles für uns selber tun. Denn wir tun es eigentlich für das Gefühl, das wir uns versprechen, wenn wir anderen etwas Gutes tun, ein Ziel erreichen oder ähnliches. Wir sind womöglich stolz auf uns oder schätzen die Anerkennung Anderer für diese ach so menschliche Tat. Es ist auch nach meiner persönlichen Ansicht nach gar nicht negativ oder verwerflich, diese Natur des Menschen anzuerkennen, wenn Personen besonders wohltätig sind, weil sie gern im Licht der Öffentlichkeit dafür stehen und so ihren Lohn erhalten. Hauptsache sie tuen Gutes.

Ein weiteres Beispiel: Dale Carnegie berichtet schon in seinem Buch „Wie man Freunde gewinnt“ aus dem Jahr 1937, dass nach Auswertungen verschiedener Telefongesellschaften in dieser Zeit das meistgesprochene Wort am Telefon, das Wort „ich“ war und mit hoher Wahrscheinlichkeit immer noch ist.

Der Mensch interessiert sich in allererster Linie für sich selber und erst dann für Andere. Dieses natürlich Verhalten zur Selbsterhaltung ist also in uns allen programmiert. Nur, wie nutzen wir diese Eigenheit?

Ist es uns klar, dass wir so ticken? Und: Was machen wir daraus?

Sei nicht so schnell mit einem Urteil bei der Hand

Ebenso wie wir unserer Entscheidungen als Preisvergleicher auf Basis unseres Wertemodells als Software treffen, so bewerten wir auch die Menschen in unserer Umgebung und ihr Handeln. Wir, die Beobachter, implizieren dann rasch, welche Gedanken der Beobachtete wohl dabei hatte und welche Ziele unser Gegenüber damit wohl verfolgen will. Je nachdem, wie wir grundsätzlich in unserer Sympathie zu dieser Person aufgestellt sind und welche Erfahrungen wir mit ihm/ihr gemacht haben, beurteilen wir dann das, was wir sehen, und bilden uns eine Meinung.

Personen, mit denen wir negative Erfahrungen gemacht haben, oder die uns an Menschen erinnern, mit denen wir negative

Erfahrungen gemacht haben, werden genauso entsprechend unserer Vorerfahrung bewertet, wie der umgekehrte Fall einer positiven Erfahrung.

Doch wie das Verhalten unseres Gegenübers wirklich zu bewerten ist, wissen wir nicht.

Aus unserer Bewertung folgen Gedanken, die von Emotionen aufgeladen sind und die durch Gefühle zu Handlungen unsererseits werden. Es entsteht ein Kreislauf der gegenseitigen Interpretation, der in die eine oder andere Richtung als selbsterfüllende Prophezeiung wirkt.

Nur wenn sich einer der Beiden aus diesem Bewertungsmodell lösen kann, besteht die Chance, diese ungünstige Beziehung nachhaltig zu verbessern. Indem er nämlich nicht annimmt, was sein Gegenüber damit gemeint haben könnte und es nicht zu barer Münze macht, aus dieser eigenen Bewertung womöglich negativ handelt, seinen Eindruck formuliert und fragt, was den Anderen im Hinblick auf diese Handlung oder Äußerung bewegt hat. Ob wir nun auf Unverständnis stoßen, angelogen werden oder erleichternde Erkenntnisse vorfinden steht auf einem anderen Blatt. Aber die Chance besteht, einen negativen Kreislauf zu durchbrechen.

„Erkenne, dass das Verhalten deines Gesprächspartners genauso beeinflusst ist, wie dein eigenes!“

Überspitzt könnte man also sagen „er kann ja gar nicht anders“. Was absolut kein Generalpardon ist, aber die eigenen Emotionen von der Bewertung des Verhaltens zu trennen kann uns somit ermöglichen, selbst ganz klar und bewusst zu handeln.

„Glaube mir, das wird dich befreien!“

Und wenn wir mal wieder, wie es unsere Natur ist, an uns denken, so könnte eine wirklich Erleichterung und Befreiung der Lohn dieses Rollenwechselns sein. Vielleicht lohnt es sich unter dieser Perspektive, es zumindest einmal zu versuchen.

Ein bewusster Blick auf das eigene Verhalten

Wir haben bereits viel über die Entstehung unseres Verhaltens und unserer Verantwortung diesbezüglich gelernt. Nun wird auf dieser Basis eine sehr wichtige Botschaft dieses Teiles des 4x4 des Lebens kürzer, knackiger und prägnanter als ich es ursprünglich gedacht und geplant hatte. Denn es bleibt mir lediglich, folgenden Apell zu formulieren:

Sei Dir Deines Denkens und Deines Handels stets bewusst und überlege genau, ob es günstig für ein angenehmes soziales Umfeld ist – was es mit Dir und mit anderen macht – und ob es Dich zu dem Leben führt, das Du führen möchtest!

Lebe Deine natürlichen, aber ungünstigen Emotionen in einem kontrollierten Rahmen aus, dort, wo es niemandem schadet.

Wenn Du ehrlich zu Dir selbst bist, ist Dir klar, ob Du günstig aufgestellt bist oder ob es eventuell Sinn macht, Dich mit

Deinem Denken und Handeln noch einmal konkret zu beschäftigen und dazuzulernen.

Was kannst Du nun mit der neuen Perspektive anfangen?

Ich hoffe, ich habe mein Ziel, Dir eine neue Perspektive auf Dein eigenes Verhalten und auf das Verhalten Deiner Mitmenschen zu eröffnen, erreicht. Für mich persönlich war diese Erkenntnis der Schlüssel zu vielen weiteren Einblicken und Erkenntnissen, die mein Leben deutlich angenehmer, selbstbestimmter, freier, konfliktfreier und glücklicher gemacht haben.

Gewinne die Zeit und die Kraft, an Deinen Träumen zu arbeiten – jene Energie, die bislang für unnütze Streitigkeiten verpuffte.

Mir bereitet es große Freude, durch ein offenes Lächeln und ein gutes Wort, Licht in das Dunkel des Tages eines anderen Menschen zu bringen, dem ich gerade erst begegnet bin und den ich möglicherweise nie wiedersehen werde.

Wenn Du nun in meinen Zeilen Themen oder Punkte gefunden hast, bei denen Du glaubst, nicht optimal aufgestellt zu sein, empfehle ich Dir, Dich diesem Thema zu widmen. Vielleicht hast Du sogar immer mal wieder mit einzelnen Personen oder eventuell sogar grundsätzlich unangenehme oder suboptimale soziale Interaktionen.

Nun fragst Du Dich, was Du tun kannst, um diese Themen anzugehen?

Grundsätzlich gibt es entweder den Weg, es allein über Bücher, Hörbücher oder Podcasts zu versuchen, oder Dich mit einem Berater an die Arbeit zu machen. Welchen Berater Du auswählst, ist eine individuelle Entscheidung für Dich.

Ein erster Schritt könnte zum Beispiel das regionale Angebot von kirchlichen oder öffentlichen Trägern sein, die – häufig sogar unentgeltlich oder gegen Spende – mit Dir arbeiten und eine erste Orientierung ermöglichen.

Ich persönlich wechsle immer mal wieder meinen Berater und die Methode der Arbeit, wenn ich spüre, dass keine konkreten Fortschritte mehr stattfinden. Diese Phase der Beratung wird in der Regel von längeren Pausen und dem Einleben in die neuen Denkstrukturen unterbrochen. So kann man sagen, dass ich die Beratungen als Impuls nehme und diesen in mein tägliches Leben integriere. Bis ich glaube, entweder nochmal eine Auffrischung zu benötigen, oder ein neues Thema entdeckt zu haben.

Wenn Du zunächst selber mit Dir allein arbeiten möchtest, empfehle ich Dir

1) Dale Carnegie „Wie man Freunde gewinnt" erschienen im FISCHER Taschenbuch Verlag
2) Jens Corssen „Als Selbstentwickler zum Erfolg" Hörbuch bei gängigen Dienstleistern zum Download bereitgestellt

Wie lange Deine persönliche Arbeit dauern wird und wie viel Zeit und Energie Du investieren möchtest, hängt immer ganz von Dir allein ab.

Zum Schluss meines Beitrages möchte ich Dich mit einem Gedicht in die Welt entlassen, das mich immer wieder sehr berührt hat. Ich habe es in meiner Buchempfehlung 1) kennengelernt und gerade als junger Vater ist es für mich sehr lehrreich. Es zeigt deutlich, wie wir Menschen die Dinge sehen und was wir tun, ohne es zu merken, ohne daran zu denken, was das für unsere Mitmenschen bedeutet – was wir anderen antun – vielleicht – ohne es zu bemerken.

Vater vergisst von W. Livingston Larned

Hör zu, mein Sohn, ich spreche zu dir, während du schläfst, die kleine Faust unter der Wange geballt, die blonden Löckchen verklebt auf der feuchten Stirn. Ich habe mich ganz allein in dein Zimmer geschlichen. Vor ein paar Minuten, während ich in der Bibliothek über meiner Zeitung saß, erfasste mich eine Woge von Gewissensbissen. Reumütig stehe ich nun an deinem Bett. Ich musste daran denken, dass ich böse mit dir war, mein Sohn. Ich habe dich ausgescholten, während du dich anzogst, weil du mit dem Lappen nur eben über dein Gesicht gefahren bist. Ich stellte dich zur Rede, weil deine Schuhe schmutzig waren. Ich machte meinem Ärger hörbar Luft, weil du deine Sachen auf den Boden fallen ließest. Auch beim Frühstück fand ich manches auszusetzen. Du verschüttetest den Inhalt deiner Tasse. Du schlangst das Essen hinunter. Du stütztest die Ellenbogen auf den Tisch. Du strichst die Butter zu dick aufs Brot. Als du zu deinen Spielsachen gingst und ich mich auf den Weg zur Arbeit machte, da hast du dich umgedreht, gewinkt und mir zugerufen: „Auf Wiedersehen, Daddy!" doch ich runzelte die Stirn und gab zur Antwort: „Halte dich gerade und mach keinen solchen Buckel!" Am späten Nachmittag ging es von neuem los. Als ich die Straße heraufkam, sah ich, wie du auf dem Boden und mit Murmeln spieltest. Die Strümpfe waren an den Knien durchgewetzt. Ich beschämte dich vor deinen Freunden und befahl dir, vor mir her ins Haus zu gehen. Strümpfe sind teuer – wenn du sie selber kaufen müsstest, würdest du mehr Sorge dazu tragen! Das, mein Sohn, warf dir dein Vater vor! Weißt du noch, später, als ich meine Zeitung las, da kamst du in die Bibliothek, schüchtern, in deinen Augen eine Spur von Traurigkeit. Als ich über den Rand der Zeitung blickte, ungeduldig, weil ich nicht gestört sein wollte, da bliebst du in der Tür stehen. „Was willst du?" schnauzte ich dich an. Du sagtest nichts, stürmtest nur mit einem Satz durchs Zimmer, warfst mir die Arme um den Hals und küsstest mich, und deine kleine Arme drückten mich mit einer Zuneigung, die Gott selber in dein Herz gepflanzt hat und die trotz aller Vernachlässigung immer weiterblühte. Plötzlich warst du weg, ich hörte dich die Treppe hinauftrappeln. Kurz nachdem du weggegangen warst, mein Sohn, glitt mir die Zeitung aus den Händen, und eine grauenhafte Angst erfasste mich. Was war aus mir geworden? Vorwürfe und Tadel ohne Ende – damit vergalt ich dir, dass du ein Kind warst. Nicht dass ich dich nicht liebe – ich habe nur zu viel von dir erwartet und dich nach dem Maßstab meiner eigenen Jahre beurteilt, als ob du schon erwachsen wärst. Dabei ist doch so manches an dir gut und schön und echt gewesen. Dein kleines Herz war groß wie der erwachende Tag hinter den Hügeln. Das zeigte sich in deinem plötzlichen Entschluss, auf mich zuzustürmen und mir einen Gutenachtkuss zu geben. Das ist das Wichtigste, mein Sohn, alles andere zählt nicht mehr. Ich bin in der Dunkelheit an dein Bett geschlichen und habe mich beschämt daneben hingekniet. Das ist ein schwaches Bekenntnis; aber ich weiß, du würdest nicht verstehen, was ich meine, wenn ich dir alles bei Tageslicht erzählen würde. Doch von morgen an werde ich ein richtiger Daddy zu dir sein. Wir werden dicke Freunde werden, und ich werde mit dir traurig sein, wenn du traurig bist und mit dir lachen, wenn du lachst. Eher werde ich mir die Zunge abbeißen, als ein vorwurfsvolles Wort aus meinem Mund zu lassen. Und unablässig werde ich mir sagen: „Er ist ja noch ein kleiner Junge, nichts als ein kleiner Junge!" Ich fürchte, ich habe dich als Mann gesehen. Doch wenn ich dich jetzt anschaue, wie du müde und zusammengekauert in deinem Bettchen liegst, dann sehe ich, dass du noch ein kleines Kind bist. Erst gestern noch trug dich deine Mutter auf dem Arm, und dein Köpfchen lag an ihrer Schulter. Ich habe zu viel von dir verlangt, viel zu viel.

Auf ein glückliches und freies Leben

Dein

Sebastian A. E. Dietz

www.stenle.de

Gesundheit

Markus Opalka

Stimmige Gesundheit

Offensichtlich geht es jetzt um Deine Gesundheit. Mal mehr und mal weniger, behaupte ich jetzt mal frech. Aber da bist Du sicher nicht alleine. Zu oft nehmen wir gewisse Zustände in unserem Leben als selbstverständlich hin und schenken ihnen erst wieder die nötige Aufmerksamkeit, wenn sie diese dringend erfordern. Das ist gut, aber gleichzeitig auch ein wenig dämlich. Anscheinend muss immer erst ein gewisser Leidensdruck erreicht sein, damit wir uns ernsthaft um unsere Gesundheit kümmern. Schopenhauer hat mal gesagt: Gesundheit ist nicht alles, aber ohne Gesundheit ist alles nichts. Das trifft es doch ganz gut, oder? Es passt zu all den anderen Lebensbereichen, die hier im Buch beschrieben sind.

Hast Du Dir heute schon mal die Frage gestellt, ob Du gesund oder krank bist? Nimm Dir ruhig einen Moment für Deine Antwort. Schwierig? Dann formuliere ich die Frage etwas anders. Fällt Dir spontan etwas ein, was an Deiner Gesundheit erfreulicher sein könnte? Weniger Zipperlein? Bessere Verdauung? Weniger Medikamente einnehmen? Öfter durchschlafen?

Bestimmt ist Dir etwas aus dem Alltag eingefallen. Und? Bist Du jetzt ein bisschen krank? Oder vielleicht nur noch halb gesund? Man weiß es nicht, denn offensichtlich ist es gar nicht so einfach, den Bereich »gesund«, oder »krank« genau festzulegen. Sicherlich gibt es viele Definitionen und Beschreibungen, aber Gesundheit ist weder ein Zustand, den Du für immer festhalten, noch käuflich erwerben kannst.

Die moderne Medizin hat es geschafft, viele Geheimnisse Deines Körpers zu entschlüsseln. Sie ist in der Lage kleinste Zellmoleküle zu analysieren. Sie kann Organe transplantieren, in Deinen Körper schauen oder in Notfällen Dein Leben retten. Das alles sind großartige Errungenschaften vieler mutiger Medizinpioniere. Allein die pharmakologischen Entwicklungen haben Infektionen zurückgedrängt und viele Erkrankungen erträglich und beherrschbar gemacht. Trotz alledem ist es nicht gelungen, den Menschen dauerhaft gesund zu halten. Wieso nicht? Warum werden gerade im 21. Jahrhundert immer mehr Menschen chronisch krank? Viele erkranken neu, obwohl wir hier eine der besten medizinischen Vorsorge- und Behandlungssysteme genießen? Um das wirklich zu verstehen und in Zukunft selbstverantwortlich und erfolgreich für sein eigenes Wohlbefinden agieren zu können, braucht es ein neues Verständnis, welcher Logik unsere innere Natur folgt. Denn Gesundheit kannst Du nicht produzieren, sie kann Dir nur gelingen.

Auf den folgenden Seiten möchte ich Dir die Forschungsergebnisse des Physikers und Mediziners Dr. med. Arno Heinen näher bringen. Der Stressforscher hat grundlegend neue Ansätze zur Gesunderhaltung entwickelt. In den letzten zwölf Jahren gemeinsamer Arbeit sind viele konkrete Ansätze für ein neues Medizindenken und Handeln entstanden. Einige Aspekte dieser wertvollen und zum Teil neuen Erkenntnisse möchte ich mit Dir teilen.

Wenn von Gesundheit, Wohlbefinden oder auch Zufriedenheit die Rede ist, dann fällt schnell das Wort Gleichgewicht. Ein

Begriff aus vielen Lebensbereichen, der scheinbar den anzustrebenden Idealzustand beschreibt. Alles ist im Gleichmaß, alle unterschiedlichen Aspekte sind wohl ausbalanciert. Selbst in der Medizin wird vom Zustand der Homöostase, der gleichbleibenden Stabilität gesprochen. In der Natur ist aber genau das, der unattraktivste Zustand überhaupt. Jetzt bist Du sicherlich erst einmal verwundert und fragst Dich, wieso ein ausgeglichener Status etwas Undankbares ist. Ich erkläre es Dir. Beginnen wir mit Tag und Nacht, als einfaches Beispiel. Wir haben es hier mit zwei entgegengesetzten Zuständen zu tun. Mit zwei polaren Eigenschaften. Auf der einen Seite haben wir die Nacht, die Dunkelheit. Andererseits den Tag, die Helligkeit. Hierfür wollen wir das Gleichgewicht, die scheinbar beste Situation erreichen. Wie sehe das aus? Für den Zustand einer Ausgeglichenheit vermutlich vierundzwanzig Stunden Dämmerung. Das wäre schön blöd, oder? Solch eine kontinuierliche Monotonie würde eher alles durch einander bringen. Ok, die Vögel zwitschern die ganze Zeit, in der Hoffnung das die Sonne entweder gleich auf oder unter geht. Und was ist mit den Pflanzen? Sollen sie sich jetzt öffnen oder schließen? Was ist mit Deinem Gefühl für die Tageszeit? Wann würdest Du zu Mittag essen? Wann schlafen, wenn es niemals richtig dunkel wird? Du kannst Dir vorstellen, dass es ganz schön problematisch wäre, wenn wir rund um die Uhr ständig zu gleichen Teilen Tag und Nacht hätten.

Es gibt noch unendliche Beispiele dafür, wie unnatürlich es ist, Gegensätze nach dem Balanceprinzip auszugleichen. Etwa Bewegung und Ruhe. Wie sähe wohl ein Tanz aus, der alle

Gegensätze ausgleicht, anstatt sie zu zeigen? Langweilig. Oder die Musik. Zeige mir ein Musikstück, das mit gleichbleibender Lautstärke sowie Tonlage Begeisterung weckt. Denke an die Farben und die Malerei. Selbst der binäre Code unserer digitalen Welt besteht immer aus der Eins, der Null und derer Kombinationen. Aber nicht aus null komma fünf.

Was hat das Ganze jetzt mit Deiner Gesundheit zu tun? Unendlich viel, denn stell Dir vor, wir würden alle Deine Gefühle, Gedanken und Körperfunktionen stets in der goldenen Mitte halten? Es würde wohl keinen einzigen Freudenschrei, keinen Geistesblitz oder irgendwelche Höchstleistungen von Dir geben. Du wärst so gleichmäßig, wie Hollands Radwege. Du ahnst vielleicht, dass gerade im Wechselspiel von Gegensätzen, dem ständigen hin und her, wie beim Radfahren Potenzial für Fortentwicklung steckt. Echte Lebendigkeit, Vitalität entsteht nur da, wo Unterschiede sich begegnen und miteinander ringen. Vielleicht kennst Du es aus Deiner Beziehung. Partner, die eher unterschiedlicher sind, führen meist eine leidenschaftlichere, lebendigere Beziehung.

Im Grunde bildet sich die gesamte Welt aus polaren Zuständen. All Deine Körperfunktionen werden durch entgegengesetzte Kräfte geregelt und gesteuert. Laufen, springen, greifen, sind wechselhafte muskuläre Zustände zwischen Anspannung und Entspannung. Der Sympathikus, Teil Deines vegetativen Nervensystems dominiert zeitweise über seinen Gegenspieler, dem Parasympathikus. Dann kannst Du Dich besser konzentrieren, Leistung erbringen, oder körperliche Arbeit verrichten. Im Gegensatz dazu wird der Einfluss des

Parasympathikus zur Nacht immer deutlicher. Jetzt kannst Du besser entspannen, regenerieren und schlafen. Dein Blutzucker, Deine Hormone, Deine Sexualität, einfach alles wird durch zwei gegensätzliche Größen reguliert.

Selbst Deine Atmung steht zwischen den Gegensätzen Einatmung und Ausatmung. Mit diesem Beispiel komme ich noch mal auf Dr. med. Arno Heinen und das neue Medizinverständnis zurück. Denn jetzt müssen wir noch einen wichtigen gemeinsamen gedanklichen Schritt machen.

Du hast verstanden, dass Gegensätze ihre Berechtigung haben und der direkte Ausgleich nicht zwingend sinnvoll ist. Das mit dem Auftreten zweier Extreme ein Spannungsfeld zwischen ihnen entsteht, in dem sich dynamische Lebendigkeit entfaltet. Diese Schaffenskraft zeigt sich aber nicht im chaotischen Ringen beider Kräfte. Und auch nicht, wie bisher gefordert, im dauerhaften Gleichmaß. Nein, sie entfalten ihr jeweiliges Kraftpotenzial nur durch die zeitliche Reihenfolge, einem Rhythmus. Schau Dir einmal genau Deine Atmung an. Du atmest ein, kurze Pause, Du atmest aus, kurze Pause. Dann wieder ein, kurze Pause, und wieder aus, kurze Pause. Du fühlst, dass sich die beiden Atemrichtungen ganz entspannt nacheinander anfügen. Langsam steigert sich die Einatmung mit Ausdehnung, Fülle und Sauerstoffaufnahme bis zur natürlichen Grenze. Stillstand. Dann kehrt sich alles um. Die Ausatmung beginnt mit ihren Qualitäten Loslassen, Leere und Kohlendioxidabgabe. Das eine geht nicht ohne das andere. Du kannst also schlecht ausatmen, wenn Du vorher nicht eingeatmet hast und umgekehrt.

So entsteht also Dein Atemrhythmus, mit unterschiedlichen Längen. Du bist in der Lage damit unendlich viele Variabilität zu gestalten. So gelingt Dir Anpassung und Entwicklung. Du rennst mal wieder dem Bus hinterher? Du machst regelmäßig Sport? Du tauchst in der Badewanne? Pustest einen Luftballon auf, oder liest entspannt ein Buch. Jedes Mal bleibt dein Atemrhythmus ähnlich, aber niemals exakt gleich. Diese Selbstähnlichkeit nennt man in der Fachsprache auch fraktal. Du änderst nur die Menge der Luft und die Geschwindigkeit Deiner Atmung. Der Physiker würde jetzt sagen die Variabilität von Qualität und Quantität. Das bezieht sich auch auf alle anderen Körperfunktionen. Was in dem Wort Stoffwechsel ja sehr schön zum Ausdruck kommt. Alle Rhythmen von zellulärer Ebene über Organe, bis hin zu Systemen, wie der Blutdruck, agieren zusammen. Ähnlich einem Orchester, wo alle Instrumente stimmig zueinander agieren. Gesundheit ist absolut nichts Konstantes. Ständig ist alles in Veränderung und passt sich stets in harmonischen Verhältnissen zueinander Deinen aktuellen Bedürfnissen an. Daher können gesundheitliche Werte durchaus mal für eine kurze Zeit aus der »Norm« sein. Solange alle in die gleiche Richtung agieren, lebst Du halt mal auf einem anderen Niveau. Umso unterschiedlicher Du also Deine Gesundheit herausforderst, umso besser funktioniert das Zusammenspiel von Körper, Geist und Seele. Grundsätzlich geht es bei den Polaritäten nicht um ein »entweder, oder«, also entweder Du entscheidest Dich jetzt für die Einatmung, oder für die Ausatmung. Sondern vielmehr um das fließende »sowohl, als auch«. Denn für einen langen Lebensatem brauchen wir sowohl die Einatmung als auch die Ausatmung und - die wichtige Pause dazwischen. Selbst Dein Herz, Dein Nervensystem, alle Organe halten stets einen Moment inne. Selbst der Ton macht eine Pause, so dass wir ihn überhaupt wieder hören können. Das war jetzt nicht ganz so schwierig, oder? Das Gesagte gilt für alles, was Deine Gesundheit beeinflusst. Du brauchst sowohl Schlaf als auch Beschäftigung. Du brauchst Nahrungsaufnahme als auch Ausscheidung. Dein Blut muss zu den Zellen fließen, als auch wieder zurückfließen. Stress gehört genauso zum Leben, wie die Entspannung. Du hast das Prinzip jetzt gut verstanden und damit wird hoffentlich klar, dass nichts in unserer Welt wirklich isoliert für sich existiert. Alles hat, wie die Münze stets zwei Seiten. Aber vorsichtig! Du kannst jetzt nicht sagen: Eine Gute und eine Schlechte. Denn das stimmt ja nicht. Es geht nicht um das Trennende »entweder, oder«, sondern stets um das Zusammenführende »sowohl, als auch«. Beide Seiten haben ihre volle Berechtigung. Denn ohne Licht gäbe es keinen Schatten. Die Münze wird erst ganz aus der Verschmelzung der beiden Seiten. Deine Lebendigkeit entsteht erst aus der Vereinigung der Polaritäten. Körper und Geist werden über die Seele zur Einheit. Selbst Vergangenheit und Zukunft verschränken sich nur im Augenblick der Gegenwart zur Realität.

Entscheidend ist auch, dass beide Aspekte das richtige Verhältnis zueinander haben. Solange die antagonistischen Kräfte »Kopf« und »Zahl« abwechselnd aufeinander wirken, dreht sich die Münze Deiner Gesundheit. Alles bleibt beweglich und zeigt sich im passenden Moment mit der richtigen Seite. Bekommt aber eine Seite in Deiner

Lebenssituation zu viel Gewicht, drückt sie die Münze in Schieflage. Sie fällt um. Zu viele Aktivitäten, physische oder psychische Dauerleistungen bei zu wenig Schlaf, Erholung oder Regeneration? Zu viel Essen bei zu wenig Bewegung? Zuviel Sorge, bei wenig Freude? Die Münze verliert ihre Stabilität und fällt entsprechend um. Das ist keine Seltenheit, sondern konsequente Logik der Natur. Das Entscheidende ist aber nun, was Du daraus machst! Wie gehst Du oder unsere Medizin damit um, wenn Du krank, also »umgefallen« bist? Wenn Du Deinen gesunden Rhythmus verloren hast?

In den allermeisten Fällen sehen wir nur das, was für uns offensichtlich ist. Die Oberseite der Münze. Wir sehen das Ergebnis, ich bin erkrankt. Was wir sehr häufig nicht erkennen und berücksichtigen, sind die ursächlichen Entwicklungen bis dahin. Denn schließlich liegt die Münze, also Du, ja nicht umsonst so da. In der Regel gehst Du jetzt zum Arzt. Der diagnostiziert auch das Problem, schließlich ist Dein Zustand ja offensichtlich. Nun kümmert man sich um das obenliegende Problem und versucht, die Münze wieder aufzustellen. Je nach Zustand, Alter und Beschaffenheit Deiner inneren Wertigkeiten gelingt das recht unterschiedlich. Unsere Medizin geht dabei besonders stark mit dem antagonistischen Prinzip vor. Wir haben für alles etwas »dagegen«. Wir haben etwas gegen Husten. Gegen Pickel und Blähungen. Ebenso gegen Bluthochdruck. Wir suchen und finden etwas gegen jede Krankheit. Für die allermeisten hat Krankheit somit immer etwas Bedrohliches. Von Kindesbeinen auf lernen wir, das Krankheiten etwas unnatürliches sind. Etwas Bösartiges, das uns befällt und das man schnell aus der Welt schaffen muss.

Wir kämpfen gegen Viren und Bakterien. Wir kämpfen gegen Übergewicht und Depressionen. Wir kämpfen gegen Krebs und die Angst vor der Angst. Im Prinzip gegen alles, was scheinbar nicht zu uns gehört. Das stimmt so aber nicht. Die Natur ist konsequent und logisch, absolut richtig. Aber nicht bösartig.

Blicken wir zurück auf unser erarbeitetes Wissen. Alle Körperfunktionen werden durch polare Größen geregelt. Diese arbeiten nicht isoliert, sondern in gegenseitiger Abhängigkeit. Sowohl in zeitlicher Reihenfolge, als auch quantitativ und qualitativ. Du erinnerst Dich an die Atmung? Demnach ist Krankheit nichts Befremdliches oder Bedrohliches. Ganz im Gegenteil. Es ist Ausdruck eines gestörten Rhythmus Deiner körpereigenen Lebenskräfte. Es zeigt Dir mit den Symptomen die Unausgewogenheit in Deinem Leben, bei der Dein persönliches »sowohl, als auch« nicht mehr stimmig ist. Was uns beim Umgang mit Krankheiten selten gelingt, ist die andere Seite der Münze anzuschauen. Wir haben schnell eine Pille gegen die obere Seite, aber was haben wir für die andere Seite? Auf jeder Rückseite verbirgt sich der komplementäre heilende Aspekt für Deine Gesundung. Die Aufforderung einen verlorenen Gesundheitsaspekt in Deinem Alltag neu zu beleben.

Natürlich kannst Du das schmerzhafte Knie betäuben. Es zeigt Dir aber, dass Deine Bewegungsaktivitäten nicht mehr das richtige Maß haben. Dein ständiges Essen macht Dich gewichtiger, solange Du Dein Selbstwert nicht nährst. Deine Haut schlägt aus, bis du Dich vielleicht richtig abgrenzen kannst. Ein Arzneimittel kann Dein Aufstoßen unterbinden, bis du lernst, nicht alles zu schlucken.

Was ist jetzt das neue Medizinverständnis von Dr. med. Arno Heinen, von dem ich anfänglich gesprochen habe? Krankheit und Gesundheit gehören zum Leben. Sie sind Polaritäten und lassen sich nicht trennen. Gesundheitliche Probleme sind also in erster Linie kein »Klotz am Bein«, der möglichst schnell eliminiert werden muss. Sie sind die Chance für einen weiteren Entwicklungsschritt. Jedes Symptom, jedes Beschwerdebild ist Dein inniger Aufruf zur Korrektur. Die Mitteilung Deines Organismus, etwas in deinem Leben in eine neue Ordnung zu bringen. Dem Überfluss etwas zu nehmen. Oder dem Mangel etwas zu geben. Du bist daher kein Opfer, sondern der einzige Experte für diese Angelegenheit. Jede gesundheitliche Störung ist also eine »liebevolle« Aufforderung Deines Körpers an Dich, Dein Leben mit mehr Selbstbestimmung und Selbstverantwortung zu leben. Denn nichts anderes steckt hinter dem Begriff Selbstheilungskraft. Es sind Deine Kräfte, die du für Dich nutzbar machen musst. Der äußere Arzt ist Dir dabei eine Unterstützung. Er kann Dich beraten und begleiten. Dein wichtigster Verbündeter ist aber Dein „innerer Arzt". Er ist das, was Du unter Deiner inneren Stimme, Deinem Bauchgefühl verstehen kannst. Mit diesem solltest Du unbedingt in den inneren Dialog kommen. So findest Du sicherlich die richtigen Impulse. Bedenke, kein Mensch wird in einer Arztpraxis gesund. Heilung bekommst Du nur da, wo Du auch krank geworden bist – in Deinem Lebensalltag! Dein Zauberwort heißt hier: Veränderung. Wandle die Umstände zu

Deinen Gunsten. Positioniere Dich, bring Deine Kondition, Konstitution und Konditionierungen in ein günstiges Umfeld.

Was ist wichtig?

Wenn wir über die verlorene Gesundheit reden oder unser Leid klagen, kommen schnell Tipps und gut gemeinte Ratschläge zu Tage. Jeder in Deiner Umgebung hat etwas gelesen oder gehört, was für Dich jetzt genau das Richtige sein könnte. Andere wiederum nehmen das selbst in die Hand. Sie googeln einfach nach ihren Symptomen und sind danach meistens schlimmer krank als vorher. Du siehst, dass das mit den richtigen Informationen nicht immer so einfach ist. Dazu gibt es eine schöne Geschichte.

Max Planck, der Begründer der Quantenphysik wurde im Jahre 1919 mit dem Nobelpreis ausgezeichnet. Zu der Zeit war es, üblich seine Theorien und Entdeckungen an diversen Fakultäten zu präsentieren. Hierzu reiste der Nobelpreisträger durch ganz Deutschland. Nach etlichen Vorträgen beklagt sein persönlicher Chauffeur: »Es ist unsagbar langweilig, ständig dieselbe Rede zu hören, Professor Planck!«. Er schlägt vor: »Wie wäre es, wenn ich in München Ihren Vortrag halte?« Dem Professor gefällt die Idee und er stimmt wohlwollend zu und beide tauschen ihre Rollen. Max Planck schnappt sich die Chauffeur-Mütze und fährt nach München. Dort angekommen, hält der Chauffeur ganz souverän einen langen Vortag über die Quantenphysik. Abschließend fragte jedoch ein Professor aus dem Publikum konkret und fachlich in die Tiefe nach. Jetzt wurde der Chauffeur ganz unsicher. Aber nach einem kurzen Moment erwidert er: »Diese Frage ist so einfach, die kann sogar mein Chauffeur beantworten!«

Die Geschichte zeigt sehr anschaulich, welche Probleme heutzutage im Umgang mit Wissen entstehen. Die moderne Welt ist voller Informationen. Vermutlich finde ich Dich auch auf Facebook. Dort erlebst Du tagtäglich, wie schnell unterschiedlichste Information entstehen und geteilt werden. Neuigkeiten, Bilder, oder eben auch Gesundheitsempfehlungen. Sie werden konsumiert und weiterverbreitet. Aber in der Regel, ohne sie jemals wirklich zu prüfen, geschweige persönliche Erfahrung damit gemacht zu haben. Genau wie der Chauffeur in der Geschichte. Es war ihm ein leichtes, Wissen einfach wiederzugeben. Er hat es mehrfach gehört, er hat es im Gedächtnis behalten und einfach wiedergegeben. Für uns alle ist es auf den ersten Blick gar nicht ersichtlich, ob wir es hier mit einem »Chauffeur« oder mit einem »Nobelpreisträger« zu tun habe. Und in den meisten Fällen sind wir ja auch keine Experten, die dann mit den richtigen Fragen die Wissensaussagen prüfen könnten.

Was hat das Ganze nun mit Deiner Gesundheit zu tun? Ganz viel, denn in einem Fall bist Du wirklich immer der Experte. Du bist der Fachmann für Deinen Körper, für Dein Wohlbefinden. Und natürlich ist es sinnvoll, nicht alles zu glauben ohne es auszuprobieren und am eigenen Körper zu spüren. Tu das, so oft es geht! Und das in vielerlei Hinsicht. Dein Gehirn lernt nicht so gut vom Hörensagen. Es funktioniert ausschließlich von den mit all Deinen Sinnen gemachten Erfahrungen. Wissen ist Erfahrung, alles andere ist Information! Das hat Albert Einstein mal gesagt. Damit trifft er den Nagel auf den Kopf. Du kannst unendlich viel darüber gehört und gelesen haben, wie man mit sich gesund verhalten soll. Aber erst wenn Du es wirklich für Dich erprobt hast weißt Du, wie es sich wirklich anfühlt und auf Deinen Organismus wirkt. Ziel jeder gesundheitlichen Erfahrung sollte es also sein, immer mehr herauszufinden, was wirklich zu Dir passt und was ausschließlich Deiner Gesundheit nützlich ist. So wirst Du über die Zeit zum unangefochtenen Experten für Deine gesundheitlichen Anliegen schlechthin. Und wer außer Dir sollte das sonst sein?

Um an die Quelle zu kommen,
musst du gegen den Strom schwimmen.
Konfuzius

Dieses Zitat von Konfuzius beschreibt es absolut passend. Damit Du an Deine wirklichen Gesundheitspotenziale, Deine körperlichen und psychischen Fähigkeiten kommst, musst Du Dich zu Dir Selbst auf den Weg machen. Was fördert mein Wohlbefinden? Wie viel Schlaf brauche ich wirklich? Was nährt mich wirklich? Und das nicht nur auf Nahrungsmittel bezogen, sondern auch auf Deine geistige und seelische Nahrung. Auf diese und viele weitere Fragen gibt es nachfolgend einige neue Anregungen, aber immer nur eine richtige Antwort. Und zwar genau Deine.

Wenn es Dir gelingt, Dich von all den kopierten Meinungen und Vorstellungen, was für Dich gesund sein soll, zu befreien, erlangst Du eine große gesundheitliche Authentizität. Denn keiner ist glaubwürdiger und überzeugender als jemand, der es wirklich für sich selbst geprüft hat.

In meiner Praxis werde ich immer wieder gefragt, was ich besonders wichtig für die Erhaltung der Gesundheit erachte? Als Antwort gebe ich dann gerne folgende Gegenfragen: »Wie lange können Sie ohne Sauerstoff überleben?« Die meisten antworten mit zwei bis fünf Minuten. »Wie lange könne Sie ohne Wasser überleben?« Jetzt sind die Ersten schon etwas irritiert, antworten dann aber doch ziemlich ähnlich mit zwei bis drei Tagen. »Wie lange können Sie ohne Schlaf überleben?« Keiner antwortet über vier Tage. Hier meine letzte Frage: »Wie lange können Sie ohne Nahrung überleben?« Da gehen die Antworten schon weiter auseinander, je nachdem, mit welchen Reserven die Patienten ausgestattet sind. Aber alle liegen in einem Zeitfenster von Wochen. »Sehen Sie, nun wissen sie was für Ihre Gesundheit das Wichtigste ist!«

Der moderne Lebensstil hat uns immer weiter aus unserer natürlichen Lebensart verdrängt. Was vor vielen Jahren noch die regelmäßige körperliche Arbeit an frischer Luft war, ist heute der sitzende Arbeitsplatz in einem geschlossenen Raum. Wir entfernen uns immer weiter von den biologischen Bedürfnissen unseres Organismus. Wir entrücken unseren natürlichen Jahreszeiten, Tagesordnungen, Rhythmen und den so nötigen Pausen. Wir arbeiten rund um die Uhr, sitzen mit

Smartphone vor unserer verpackten Industrienahrung, die gerade um die halbe Welt geflogen ist.

Der Homo sapiens ist sicherlich mit eines der anpassungsfähigsten Lebewesen, die es auf unserem Planeten gibt. Das haben wir dem Umstand zu verdanken, dass unser Gehirn und damit auch unser Verhalten, seit der Geburt extrem wandlungsfähig bleibt. Ich möchte mich an dieser Stelle nicht zum Moralapostel aufschwingen. Vielmehr möchte ich Dich einladen, Dich ermutigen Deinen persönlichen Gesundheitsweg zu entdecken.

Hol mal richtig tief Luft

Sauerstoff ist der Treibstoff Deines Lebens. Ohne dieses atmosphärische Gas kannst du bereits nach zehn Sekunden bewusstlos werden. Nach 20 Sekunden erlischt die elektrische Aktivität im Gehirn. Signale werden nicht mehr übertragen, nach zwei bis drei Minuten treten erste Zellschäden im Bereich der Hirnrinde, später auch im Stammhirn auf. Das ist extrem gefährlich, denn im Stammhirn liegen die Steuerungszentren für Deinen Blutkreislauf und für die Atmung. Wenn die Zellen jetzt noch stärker geschädigt werden, können diese Funktionen nicht mehr wieder hergestellt werden. Und das ist schon nach fünf Minuten der Fall. Das ist natürlich ein extremes Beispiel und stellt einen Notfall dar. Es beschreibt aber, wie wichtig der Gasaustausch für Deinen Körper ist. Nicht nur, um Sauerstoff aufzunehmen, sondern auch um Kohlendioxid, ein Abfallprodukt des Stoffwechsels aus dem Körper zu entfernen.

Daher ist tägliche Bewegung, vielleicht auch sportliche Aktivitäten an frischer Luft eine großartige Gelegenheit, Deine Lungen zu beleben. Eine bewusste und tiefe Atmung mehrmals am Tag gehört zu den Basisanforderungen Deiner Gesundheit. Hast Du Lust eine alte medizinische Übung zu probieren? Richte Dich etwas auf und strecke Deinen Rücken durch. Halte Dir mit dem Zeigefinger ein Nasenloch zu und atme zehnmal durch die noch offene Seite ein und aus. Danach verschließt Du das andere Nasenloch und wiederholst die Atemübung mit der anderen Seite. Denk nicht zu viel darüber nach. Mache es einfach. Täglich. Ich bin mir sicher, Du wirst eine Veränderung spüren.

Deine Atmung hat nicht nur eine versorgende und entsorgende Fähigkeit, sie steht auch in sehr enger Beziehung zu Deinem Seelenleben. Ein tiefer Seufzer? Vor Schreck keine Luft mehr bekommen? Das Durchatmen nach einer Prüfung oder die tiefe Ausatmung nach gelöster Spannung? Gefühle beeinflussen Deine Atmung und umgekehrt. Die Atmung steht in der Mitte Deiner Gesundheit. Nutze diese einfache Möglichkeit, um Deine Gefühlswelt positiv zu beeinflussen. Mit jeder Ausatmung kannst du etwas Kleines zu Ende bringen und einen Punkt setzen. Mit jeder Einatmung beginnt etwas Neues und macht sich auf den Weg, bewusster zu werden.

Trink, Brüderlein, trink!

„Du musst mehr trinken!“ Dieser Satz wird alleine in Deutschland millionenfach am Tag ausgesprochen. Meist sagen das Frauen zu ihren Männern. Offensichtlich hat das weibliche Geschlecht eine andere Gesundheitsbeziehung zu sich, als das männliche. Frauen suchen auch eher mal eine medizinische Praxis auf. Bei Männern ist das anders. Sie erkranken nicht. Sie sterben in der Regel gleich oder später auf irgendwelchen Schlachtfeldern. Aber das ist jetzt ein anderes Thema.

Wie viel Flüssigkeit am Tag ist jetzt gesund? Dir ist ja bekannt, dass Du zum größten Teil aus Wasser bestehst. Der Prozentsatz liegt bei sehr jungen Menschen noch bei ungefähr achtzig Prozent und geht mit dem Alter auf ungefähr fünfzig Prozent zurück. Daher ist es schon notwendig, den altersentsprechenden Anteil in Deinem Körper stabil zu halten. Einen Teil Deiner Wassermengen nimmst Du über die Nahrung auf. Den Rest trinkst Du dazu. Aber wie viel ist jetzt nötig?

Ich gebe Dir ein paar Anregungen dazu und bin mir sicher, dass Du am Schluss weißt, was für Dich das Richtige ist.

Da die Flüssigkeitsmenge im Körper nicht unendlich gesteigert werden kann, scheidet der Körper jeglichen Überschuss wieder aus. Das funktioniert aber nicht so einfach, wie der Volksmund mit der Aussage „Das spült die Nieren“ glaubt. Dein Organismus ist kein Abwasserkanal, der es einfach durchlaufen lässt. Nein, ganz im Gegenteil. Jedes Flüssigkeitsmolekül, was Deine Kehle durchlaufen hat, wird innerhalb der Niere aktiv unter Energieaufwand bearbeitet. Und zwar so, dass alles Nützliche zurückresorbiert wird und Unbrauchbares mit dem Urin Deinen Körper wieder verlässt. Das Ganze auch noch erwärmt auf knapp siebenunddreißig Grad. Geschenkt wird hier also gar nichts. Jede zusätzliche Menge an Flüssigkeit muss mit Hilfe Deines Herz-Kreislauf-Systems durch alle Gefäße gepumpt werden. Folglich setzt eine deutliche Erhöhung Deiner Trinkmengen eine aktivere Bearbeitung und Bewegung durch Deinen Körper in Gang. Zudem geraten einige sogar wirklich unter Stress, wenn sie zur Mittagszeit noch ihre „empfohlene Tagestrinkmenge" in geballter Form vor sich stehen haben. Durst? Nein, der tritt ja angeblich erst auf, wenn es schon viel zu spät ist. Also trinkt! Vermutlich gilt das Gleiche auch für den Hunger. Also iss! Denn sobald du Hunger verspürst, ist es wahrscheinlich auch schon zu spät für Deine gesundheitliche Zukunft. Viel hilft viel! Oder eben auch nicht.

In der Praxis gehört ein Urintest durchaus zur Standarduntersuchung. Häufig findet sich ein zu „schwerer" Urin. Das bedeutet, dass zu viele feste Moleküle auf zu wenig Urin ausgeschieden werden. Solltest Du also feststellen, dass Dein Urin zum frühen Nachmittag immer noch eine dunkelgelbe Färbung hat, wäre das ein Hinweis darauf. Dann macht es wirklich Sinn die Verdünnung deines Urins durch Zufuhr von Flüssigkeit anzuheben. Farbe und Menge des Urins können bei Gesunden ein guter Indikator für die tägliche Trinkmenge sein.

Noch ein letztes Wort zur Auswahl Deiner Getränke. Manche mögen Sie warm, andere wiederum kalt. Das hängt natürlich stark mit deiner Konstitution und den äußeren Bedingungen zusammen. Da bist und bleibst Du der Experte. Allerdings gibt es Getränke, die sind gar keine Getränke. Die heißen dann Genussmittel, oder Nahrungsmittel, wie Rotwein oder Orangensaft zum Beispiel. Diese Art Getränke nimmt Dein Organismus nicht so einfach auf wie Wasser. Er muss sie wirklich erst bearbeiten, in eine resorbierbare Form überführen, um sie aufnehmen zu können. Wasser, als neutrale Flüssigkeit, bietet hier die beste und direkteste Möglichkeit Deinen Wasserhaushalt zu unterstützen.

Schlaf, Kindchen, schlaf!

Was machen die allermeisten Kinder, wenn sie krank werden? Genau. Sie schlafen sich gesund. Die nächtliche Ruhe gibt den Wissenschaftlern bis heute Aufgaben und Rätsel auf. Das allerdings Dein Immunsystem von ausreichend Schlaf profitiert ist hinlänglich gesichert. Schlafstörungen gehören zu den häufigsten Problemen weltweit. Das zeigt einerseits wie störanfällig der nächtliche Rhythmus ist, andererseits dass Schlafprobleme nicht isoliert betrachtet werden können.

Knüpfen wir nochmal an die vielen Arbeiten und Erkenntnisse von Dr. med. Arno Heinen an. Du erinnerst Dich noch an das anfänglich beschriebene Wechselspiel der Gegensätze. Tag und Nacht ist solch ein großer Rhythmuswechsel über vierundzwanzig Stunden. Die Wissenschaft, die sich mit den natürlichen zeitlichen Abläufen im Zusammenhang mit Deinem Leben beschäftigt, heißt Chronobiologie.

Sie untersucht die verschiedenen inneren und äußeren Rhythmen, die Deine Gesundheit steuern und beeinflussen. Hormonrhythmen, Verdauungszyklen, Zellteilungsraten oder auch Mondphasen gehören beispielsweise dazu. Dabei haben diese Zyklen alle ihre eigene Länge. Trotzdem agieren und reagieren sie alle miteinander. In der Fachsprache nennt man die zeitlichen Abfolgen auch Frequenzen und die gegenseitige Beeinflussung Interferenzen. Jeder Zyklus für sich, stellt somit eine abgeschlossene Einheit, eine kleine Endlichkeit dar. Trotzdem können diese sich unbegrenzt wiederholen. So birgt der Rhythmus jede Endlichkeit in seiner Unendlichkeit. Aber hier streifen wir schon Aspekte der Quantenphysik, die mit ihren Modellen der Medizin schon um Jahre voraus ist.

Ein besonderer Rhythmus in Deinem Körper ist der Basis-Ruhe-Aktivitäts-Zyklus (BRAC), der sich alle zwei Stunden wiederholt. Er besteht aus zwei gegensätzlich ausgerichteten Phasen. Die erste dauert neunzig Minuten. In dieser synchronisieren sich verschiedene Körpersysteme mit dem gemeinsamen Ziel der Energiebereitstellung. In dieser Zeitspanne bist Du leistungsfähig, aufmerksam und gut konzentrationsfähig. Wenn Deine natürlichen Energiereserven nach dieser Aktivitätsphase aufgebraucht sind, folgt die Regenerationsphase. In den nun folgenden dreißig Minuten füllen sich Deine Energiedepots auf und es werden verschiedene Reparationsmaßnahmen durchgeführt.

Aber auch auf psychischer Ebene passiert in dieser Erholungsphase grundlegendes. Das, was Du in der Aktivitätsphase mit Deiner linken Gehirnhälfte an neuen Bildern gesammelt und analysiert hast, wird nun mit der rechten Hirnseite bearbeitet. Du aktivierst Dein Langzeitgedächtnis, knüpfst mit dem neuen Wissen, neuen Bildern an alte Erfahrungen an. So entsteht über den zweistündigen Basis-Ruhe-Aktivitäts-Zyklus (BRAC) ein kleiner evolutionärer Entwicklungsprozess. Nach jeweils neunzig Minuten Auflösung von Körperstrukturen erfolgt ein spezifischer Aufbau von dreißig Minuten. Im Grunde könnte ich jetzt etwas überspitzt sagen, dass Du Dich alle zwei Stunden erneuerst. Ganz so stimmt es nicht, aber bedenke, wie viele dieser Auf- und Abbauphasen Du in vierundzwanzig Stunden durchlebst. Ständig baust du Strukturen ab und entsprechend der vorherigen Anforderungen wieder auf. Jetzt wird auch deutlicher, dass Gesundheit kein fixer Zustand ist, sondern sich alle zwei Stunden unter den aktuellen Gegebenheiten neu bildet. Und zwar immer angepasst an das, was Deinen Organismus aktuell herausfordert. Dauerstress? Spaziergang im Wald? Familienabend oder Überstunden? Das nennt man auch ein offenes Regulationssystem, weil Deine Funktionsfähigkeiten jederzeit auf alle inneren Vorstellungen und äußeren Veränderungen reagieren.

Jetzt zurück zu Deinem wertvollen Schlaf. Ich habe dir den BRAC erklärt, weil er für Deine Nachtruhe eine ganz besondere Bedeutung hat. In dem Moment, wo du Dich zur Ruhe begibst, wo sich Tag und Nacht die Hände reichen, ändert sich der BRAC. Die beiden Phasen tauschen ihre Rollen. Jetzt gehören die neunzig Minuten der Regeneration und nur zwanzig Minuten der Aktivität. Das erklärt, warum im Nachtschlaf die meiste Erholung, die Wiederherstellung Deiner Lebenskräfte stattfindet. Um diesen Phasenwechsel aber gut einzuleiten, braucht es von Deiner Seite eine gut gestaltete Übergangszeit. Man könnte auch von einem „cooldown for sleep" sprechen. Wie gestaltest Du also die Einleitung Deiner Schlafzeit? Vom Fernseher direkt ins Bett? Oder beschäftigst Du Dich noch im Bett mit Smartphone, Facebook & WhatsApp? Viele Dinge die Dich jetzt noch körperlich oder auch gedanklich beschäftigen, verhindern den Rhythmuswechsel im BRAC. Dazu gibt es noch eine kleine Hiobsbotschaft. Umso stabiler und gesicherter der zweistündige Basisrhythmus am Tag funktioniert, umso besser läuft er auch in der Nacht. Deine gelebte Tagesstruktur ist somit verantwortlich für die Architektur Deiner Nachtphasen. Hastest du pausenlos durch den Tag? Jagt ein Ereignis das nächste? Pausen sind etwas für Menschen, die mit weniger zufrieden sind? Ganz im Gegenteil. Umso besser Du regelmäßig kleine gedankliche oder körperliche Pausen über den Tag einlegst, umso stabiler läuft Dein BRAC. Dein physisches und psychisches Zusammenspiel gelingt so eindeutig besser. Dein Körper bekommt die Möglichkeiten über den BRAC zur Eigenregulation und kann Dich so optimal bei Deinen unterschiedlichen Herausforderungen unterstützen.

Eine gute rhythmische Tagesstruktur ist daher die beste Vorlage für einen guten Schlaf. Einfach gesagt, zeigt Dir Deine Nacht, wie gut Du Deinen Tag gelebt hast. In meiner Praxis ist die Ordnungstherapie die Basis zur Behandlung von

Schlafstörungen. Finde Deinen gesunden Rhythmus, lebe eine gesunde Pausenkultur über den Tag und Deine Leistungen werden automatisch besser. Es ist nicht das Muskeltraining, das die „Muckies“ wachsen lässt. Es ist die Pause, in der Wiederaufbau und Wachstum gelingen kann. Viel hilft also nicht viel.

Die wichtigste Botschaft aus diesem Kapitel ist, die Pausen wieder lieben und schätzen zu lernen. Sie sind kein Zeichen von Schwäche oder Faulheit. Kurze Pausen über den Tag sind der Garant für Regeneration, Entwicklung und Deine bleibende Leistungsfähigkeit. Sie sind elementare Bestandteile des wichtigsten Basisrhythmus und sichern so Deinen gesunden Schlafrhythmus, sowie Deine langfristige Gesunderhaltung.

Futter des Lebens

Kommen wir nun zu dem schwierigsten und gleichzeitig gewichtigsten Thema. Deiner Ernährung, dem Treibstoff Deines Lebens. Es gibt kaum ein Gebiet in der Medizin, welches so stiefmütterlich behandelt und von der Wichtigkeit unterschätzt wird, wie die Ernährungsmedizin. Das hat sicherlich mehrere Gründe. Zum einen ist es auf Dauer wesentlich lukrativer, kranken Menschen öfter Pillen zu verkaufen, als ihre Ernährung zu verbessern. Zum anderen besteht ein Lebensmittel ja nicht nur aus einem Nährstoff, sondern aus einer komplexen Vielzahl von Vitalstoffen. Und in der Kombination, als kompletter Döner zum Beispiel, aus noch viel mehr. Alle diese Inhaltsstoffe müssen in Deinen Verdauungsorganen biochemisch zerkleinert und resorbiert werden. Spätestens seit dem Du Freunde hast, die einfach alles essen können, ohne dick zu werden, weißt Du das Verdauung und Stoffwechsel eine sehr individuelle Angelegenheit sind. Und genau das ist der Punkt. Es gibt keine richtige oder falsche Ernährung, wie viele uns klarmachen wollen. Es gibt nur Deine! Und die ist auch nicht in Stein gemeißelt, sondern ändert sich in Anpassung an Deine aktuellen Bedürfnisse, Herausforderungen und Reserven. Manchmal täglich, manchmal auch für eine längere Zeit eben nicht. Wenn Du also wirklich gesund werden willst, oder langfristig gesund bleiben möchtest, musst Du Herrscher über Messer und Gabel werden.

An dieser Stelle kann ich natürlich keine ausführliche und persönliche Ernährungsberatung machen. Dafür möchte ich Dir aber Anregungen und Inspirationen geben, damit Du Lust bekommst, Dich mit diesem wichtigen Thema zu beschäftigen. Jeder sollte angstfrei und mit einfachen Maßnahmen in der Lage sein, zu jeder Tageszeit seine Nahrung passend auszuwählen. Vielleicht hast Du Lust auf mehr und liest dazu das ausführliche Ernährungsbuch von Dr. med. Arno Heinen und mir, wie jeder selbstbewusst zu seinem eigenen Ernährungsexperten werden kann. Denn Deine Gesundheit liegt in Deinen Händen.

„Krankheiten fangen im Mund an. Beim Essen, Verdauen und Loslassen von Eindrücken." Dieser Satz von Dr. Rosina Sonnenschmidt beschreibt es sehr treffend, wo viele Krankheiten ihren Beginn haben. Bekanntlich am Anfang. Dein

Mundraum ist etwas sehr Besonderes. Er ist der Wächter Deiner Gesundheit und das in vielerlei Hinsicht. Du musst Dir Folgendes klar machen: Sobald Du etwas in den Mund genommen hast und es bewusst runterschluckst, übergibst Du es auf unbestimmte Zeit den heiligen Hallen Deines Körpertempels. Nun erfüllt es auf dem langen Weg der verdaulichen Auseinandersetzung seinen Selbstzweck. Und zwar ohne Deine Kontrolle und mit allen Konsequenzen. Deine inneren Schleimhäute können nichts ignorieren. Sie müssen sich alles Einverleibte genauestens anschauen und es entsprechend bearbeiten. Natürliche Nährstoffe werden nutzbar gemacht und sinnvoll für Deinen Organismus eingesetzt. Künstliche Aroma-, Konservierungs- oder Zusatzstoffe müssen unter erhöhtem Aufwand erst einmal erkannt und isoliert werden, damit sie überhaupt entsorgt werden können. Du siehst also, dass Dein Mund die erste und letzte wichtige Instanz ist, die über die Wertigkeit Deiner inneren Besucher entscheidet. Mit dem Mund prüfst du seit dem Beginn deines Lebens nicht nur den geschmacklichen Wert all Deiner Nahrung. Du beißt dich auch noch durch! Mit gründlichen Kauen bereitest Du alles willentlich für Dein Innenleben vor. Nur hier gelingt Dir die zwingend nötige mechanische und ausdauernde Zerkleinerung der Nahrung. Ohne dies kommen die chemischen Enzyme und Verdauungssäfte nicht an den wertvollen Kern Deiner Nahrung. Vieles geht so verloren oder bleibt Dir für immer unaufgeschlossen. Wer kaut - verdaut! Und das gilt sowohl für körperliche als auch geistige Nahrung.

Leider sind wir heutzutage nicht mehr aufmerksam und willensstark genug. Wir stopfen uns einfach mal schnell was in den Mund und schlingen es im Gehen hinunter. Damit zeigen wir nur mehr, welch geringe Wertschätzung wir unserem Körper entgegenbringen. Niemals würdest Du Deinem Auto den falschen Treibstoff in den Tank füllen. Weil du genau weißt, danach streikt der Motor und es gibt kein Fortkommen mehr. Wo ist also der Unterschied zwischen Deinem Auto und Dir? Du persönlich bist vom Aussterben bedroht! Du bist einzigartig und hast das Recht Deinem Körper nur das Beste vom Besten zukommen zu lassen. Darum rieche, schmecke und prüfe mit wachem Verstand, ob es Deiner wirklich wert ist, was Du nun gerade auf unbestimmte Zeit Deinem Körper einverleiben möchtest. Dein Körper vergisst nichts.

Der zweite Aspekt des Mundes, das Loslassen von Eindrücken betrifft Deine Emotionen. Viel zu oft entstehen Krankheiten und vor allem auch Esssüchte, wenn Gefühle nicht richtig befreit werden. Dein Mund ist also nicht nur Wächter, sondern auch Botschafter Deiner inneren Welt. Und zwar zum Guten, wie zum Schlechten. Wie schnell hast Du schon mit einem einzigen Satz aus Deinem Mund jemanden gekränkt? Wie oft hast Du schon ein echtes Bedürfnis nicht über Beine Lippen gekriegt? Wie oft hast Du Dir den Frust und Stress danach wieder mit Essen versüßt? Du siehst wie die Dinge miteinander zusammenhängen und mit welcher Weisheit die Natur uns ausgestattet hat. In meiner Praxis ist die bewusste Ernährung Therapiegrundlage. Jeder bekommt die Chance und Aufgabe sein Essverhalten, im Prinzip seine innere Ökobilanz, besser zu verstehen. Dazu gebe ich einen leeren Zettel und folgendes Gedicht, dessen Autor ich leider nicht kenne:

Iß, was dir schmeckt.
Lausche deinem Gespür.
Und rauche deine Pfeife in Ruhe und Frieden.

Wie aber wecke ich eine betäubte Zunge?
Wie reinige ich verstopfte Ohren?
Wie stille ich den Lärm in Kopf und Herz?

Mit diesem Gedicht wird klar, was das Geheimnis gesunder Ernährung ausmacht. Du kannst, darfst und musst von allem etwas essen. Unter der Bedingung das es Dir wirklich ehrlich schmeckt und gut tut. Viele Menschen essen, nennen wir es - geschmacklos? Sie essen ohne Einsatz ihres Geruchs- und Geschmacksinns. Sie essen Dinge, die die Bezeichnung Lebensmittel schon nicht mehr verdient haben. Würden sie wieder wissen, was ihnen eine richtige Gaumenfreude ist, wären sie klug genug es zu unterscheiden.

Lausche Deinem Gespür bei der Auswahl, Zubereitung, Aufnahme und Ausscheidung Deiner Nahrung. Was spricht Dich heute an? Welche Form der Nahrung? Welche Farbe? Fest, flüssig, heiß oder kalt? Nimm Dir Zeit zum Kauen und frage Dich innerlich, ob du wirklich noch Hunger hast, bevor Du einen Nachschlag nimmst. Denn Sättigung ist ein sehr scheues Gefühl und lässt sich sehr gerne von »Überfressen« überholen. Und nun das Wichtigste zum Schluss. Was macht die Mahlzeit mit Dir? Hat sie Dich gestärkt? Hat sie Dir Kraft und Leistung für die kommenden Stunden gespendet? Oder fühlst du Dich jetzt müde? Schlapp? Oder sogar aufgebläht und unwohl? Vielleicht fällt es Dir auch später am stillen Örtchen schwer, sich wieder von der Nahrung zu trennen? Oder im Gegenteil, sie ist schneller und geräuschvoller wieder draußen, als Dir lieb ist. Das Alles sollte Dich bei der Auswahl Deines Mahles oder Deiner Zwischenmahlzeit leiten.

Damit diese einfache Rezeptur aber gelingt, bedarf es einer einzigen, aber wichtigsten Zutat – der unmittelbaren Ehrlichkeit zu Dir selbst. Wenn Du das Alles für Dich bewusst spüren und wahrnehmen kannst, hast Du das größte Werkzeug Deiner Gesundheit in Händen. Dann ist es Dir auch möglich Deine »Pfeife«, also Dein Vergnügen zu zelebrieren und es anzunehmen als das, was es ist. Als das kleine Glück auf Erden.

Um das zu genießen, musst Du nur noch die letzte, vielleicht auch Deine größte Herausforderung meistern. Gelingt es Dir die offenen Fragen in diesem Gedicht, für Dich richtig zu beantworten, hast Du den Olymp Deiner Ernährung erklommen. Wie aber wecke ich eine betäubte Zunge? Wie reinige ich verstopfte Ohren? Und wie stille ich den Lärm in Kopf und Herz?

Bei solch schwierigen Expeditionen habe ich noch eine gute Nachricht für Dich: Du bist dabei nicht alleine. Du hast echte Mitstreiter, die Dich bei Deiner Gesundheitsarbeit unterstützen. Obwohl ich Deine Einzigartigkeit schätze, muss ich Dir mitteilen, dass mit Deinem »inneren Reichtum« wohl etwas anderes gemeint ist. Du bist Eigentümer einer Wohngemeinschaft mit unzähligen Mikroorganismen. Auf und in Dir herrscht ein ständiges Kommen und Gehen von Kleinstlebewesen, die man nur vergrößert unter dem Mikroskop erkennen kann. Sie befinden sich in enormer Anzahl vor allem in Deinem Darm. Aber auch auf Deiner Haut, in der Nase, auf den Handflächen, im Ohr, in der Lunge, quasi überall in Deinem Körper. Etwa 100 Billionen Mikroorganismen bevölkern Deinen Organismus. Das ist eine kaum vorstellbare Zahl mit einem Gewicht von zwei Kilogramm. Alleine in einem Gramm Deines Stuhlgangs leben mehr Bakterien als Menschen auf der Erde. Bis heute ist es der Wissenschaft nicht gelungen, alle diese Bewohner zu identifizieren oder jeden konkreten Nutzen eurer Zweisamkeit zu benennen. Bis vor kurzem schenkte die Medizin den Darmbakterien kaum Beachtung. Es war bekannt, dass sie Deine Verdauung unterstützen und Dich mit ein paar Vitaminen versorgen. Mittlerweile sind sie aber echte Oscaranwärter und man rollt den roten Teppich für sie aus. Sie werden heute von der Wissenschaft als Bauchhirn anerkannt. Hier sind genauso viele Bilder und Informationen gespeichert wie in Deinem Kopfhirn.

Bereits im Fruchtwasser bist Du mit ihnen in Kontakt gekommen und hast im Mutterleib begonnen, Dich mit Deinen Bakterienfreunden zu verbünden. Einige verschluckst du, andere bewohnen Deine Körperhöhlen. Im optimalen Fall bist Du über den natürlichen Geburtsweg gekommen und mit weiteren wichtigen gesunden Bakterien aus dem Geburtskanal in Kontakt gekommen. Dann haben Dich Mutter, Vater und

Geschwister liebkosend mit ihren Lebendkeimen versorgt. Neben der guten Muttermilch gab es im Laufe Deiner Entwicklung keinen bakterienfreien Gegenstand, den Du Dir nicht in den Mund gestopft hast. Bravo! Mit zunehmend abwechslungsreichen Nahrungsangebot und ausgiebigem Körperkontakt zu Mutter Erde entwickelte sich Dein individuelles Mikrobiom bis zur anfänglichen Schulzeit zur vollen Reife aus.

Eine solche Entwicklung wäre der Idealfall für eine gesunde dauerhafte Lebensgemeinschaft. Aber leider beginnt bei sehr vielen Kindern das Leben schon mit einem Kaiserschnitt, Flaschenmilchernährung oder vielen Antibiotikagaben. In diesen Fällen reift die Bakterienwelt nicht vielfältig genug aus, oder es entstehen frühzeitig Ungleichgewichte innerhalb des bakteriellen Ökosystems. Gerade innerhalb des Darmes spielen die Mikroorganismen nicht nur für die Verdauungsfunktion eine wichtige Rolle. Sie sind auch entscheidend für die Regulation und das Training des gesamten Immunsystems. Viele Krankheiten, wie Allergien, Immunschwächen, Nahrungsmittel-unverträglichkeiten, Autoimmunerkrankungen oder auch Hauterkrankungen stehen hierzu im direkten Bezug. Ob krank oder gesund ist also nicht nur eine Frage Deiner Regulationsfähigkeit, sondern auch Deiner mikrobiellen Freunde. Dabei spielen auch unsere Gene eine wichtige Rolle. In der Entwicklungsgeschichte des Menschen hat sich das humane Erbgut immer weiter spezialisiert und entwickelt, so dass wir heute auf ungefähr 25.000 Gene für die menschliche Gesundheit schauen. Allerdings ist diese Zahl gemessen an dem Erbgut Deiner

Untermieter nahezu mickrig. Diese bringen mehr als drei Millionen Gene in die bestehende Lebensgemeinschaft ein.

Um eine genetische Programmierung zu ändern, also eine gesunde genetische Anpassung bei Störungen zu machen, braucht es mehrere Generationen. Der menschliche Prozess ist hier eher sehr langsam. Hingegen haben einige Bakterienarten eine Teilungsrate von unter zwanzig Minuten. So bilden sie bereits innerhalb eines Tages zweiundsiebzig neue Bakteriengenerationen aus und produzieren so im Handumdrehen neue genetische Varianten für Deine Gesundheit. Daher vermuten Wissenschaftler, dass Deine genetischen Gesundheitsprogramme durch eine artenreiche Mikrobenvielfalt nicht nur unterstützt, sondern auch extrem günstig beeinflusst wird.

Zusammenfassend lässt sich jetzt schon erkennen, dass vor allem eine gesunde Darmflora einen wichtigen Stellenwert für Deine Gesundheit hat. Diese wiederum ist aber sehr stark abhängig von Deiner Ernährung. Hier schließt sich wieder der Kreis. Viele Studien haben unabhängig voneinander gezeigt, dass die typische westliche Ernährungsweise, mit viel Fett und wenig Ballaststoffe, die Vielfalt an Bakterien im Darm dezimiert. Auf Deinen morgigen Einkaufskorb übertragen hieße das vermutlich: Viel Gemüse, Ballaststoffe und viele fermentierte Lebensmittel wie beispielsweise Kefir, Sauerkraut oder mal Kombucha probieren. Ein Übermaß an Zucker oder stark industriell verarbeiteten Produkten hat einen ungünstigen Effekt auf Deine Darmflora und begünstigt die krank-machenden Bakterien.

Das Ende vom Anfang

Nun hast Du einige wichtige, vielleicht auch neue Aspekte für deine Gesundheit kennen gelernt. Und wie immer kommt das Wichtigste zum Schluss. Du kannst viel über Deine Gesundheit lesen oder reden. Du kannst Dich informieren, beraten lassen oder von mir aus auch googeln. Aber all das, ist nichts gegen die vorhandene Weisheit und körpereigene Intelligenz, über die Du bereits verfügst. Zu oft vertraust Du Dir noch nicht. Zu oft glaubst Du, dass andere besser wüssten, was das Richtige für Dein Wohlbefinden ist. Aber das stimmt nicht. Du bist und bleibst einzigartig. Ein medizinisches Unikat, mit einer unvergleichlichen Lebensgeschichte.

Ich möchte Dich daher einladen, Deinen „inneren Arzt" zu Deinem besten Freund oder Freundin zu machen. Mach Dir ein Bild von ihm. Gib ihm einen besonderen Namen und gehe bei jeder besten Gelegenheit und Frage in einen Dialog mit ihm. Er kennt den besten Weg für euch zwei. Und bedenke immer: Gesundheit ist nicht alles, aber ohne Gesundheit ist alles nichts.

Markus Opalka, M.Sc.

Naturheilpraxis Opalka
Kleinherbeder Str. 9a - 58455 Witten
(02302) 2790505
www.opalka.pro
markus@opalka.pro

Staatlich anerkannte Ausbildungen in Physiotherapie und Naturheilkunde (HP); Bochum, 1996
Selbstständig in eigener Naturheilpraxis; Witten, seit 2000
5-jährige Ausbildung in Osteopathischer Medizin, IAO; Gent, 2003
Studium für integrative komplementäre und psychosoziale Gesundheitswissenschaften, Master of Science (MSc); Graz, 2008
Ausbildung zur Supervisionsleitung (Balint-Gruppen); Graz, 2008 | 2-jährige Ausbildung zum Stress- und Rhythmusexperten, bei Dr. med. Arno Heinen; Friedrichshafen, 2010
Wissenschaftliche Mitarbeit im Forschungs- und Entwicklungsprojekt zu Biologischen Rhythmen
Speaker & Dozententätigkeit für Regulationsmedizin und Gesundheitsprävention
Mitherausgeber einer medizinischen Fachzeitschrift, Medizinverlage Stuttgart
Ausbildung in Miasmatischer Homöopathie, bei Dr. Rosina Sonnenschmidt; Pforzheim, 2016
seit 2017 in der Promotion für integrative komplementärer und psychosoziale Gesundheitswissenschaften; Graz

Verheiratet, 5 Kinder

Nähere Informationen zu den Arbeiten und Systemen von Dr. med. Arno Heinen findest du unter:
www.ifg-heinen.com

Finanzen

Stefan Vahldieck

Geld allein macht nicht glücklich.

Grundsätzlich kann ich dem beipflichten. Ohne die anderen drei Lebenswerte Berufung, Beziehung und Gesundheit nützt ein dickes finanzielles Polster herzlich wenig. Was habe ich davon, wenn man finanziell ausgesorgt hat, aber ein körperliches Wrack ist? Nichts. Ich kann das Leben, welches ich mir theoretisch leisten könnte, gar nicht genießen.

Wenn ich meinen Finanzen zu wenig Aufmerksamkeit schenke, kann das Leben jedoch schnell aus dem Ruder geraten. Wenn kein Geld da ist, wird Geld zu wichtig. Finanzielle Sorgen sorgen für Schlaflosigkeit, Familien-dramen, dumme Entscheidungen, Vereinsamung und Verwahrlosung. Sind die Finanzen nicht im Griff, ist es das Leben auch nicht.

Über Geld sprechen wir Deutsche ungern. Da sind wir ein komisches Völkchen. Kaum ein anderes Land ist auf diesem Gebiet so verklemmt wie wir. Wenn wir offen über unsere Finanzen sprechen würden, würde es sehr wahrscheinlich vielen Menschen besser gehen, da wir von denen, die ihre Finanzen im Griff haben, lernen können.

Unser Schulsystem bereitet uns nicht auf den Umgang mit Geld vor. Unser Gesellschaftssystem ist geprägt von der Ausbildung eines gehorsamen Angestellten. Gute Noten in der Schule, damit man eine gute Ausbildung oder ein Studium absolvieren kann. Ist dieses überstanden, komme ich für ein gutes Gehalt in einer Firma unter, in der ich bis zur Rente bleiben kann.

Glaubst Du, dass das System so noch funktioniert? Ja, es funktioniert. Sehr gut sogar. Doch was haben die Menschen davon? Sicherheit? Wie viele Menschen kennst Du, die von sich behaupten können, in einem sicheren Job zu stecken. Wir sind uns einig, dass das vorbei ist, oder? Die wenigsten bleiben heute in einem Unternehmen von der Ausbildung bis zur Rente – in manchen Lebensläufen sieht das auch schon gar nicht mehr gut aus. Das System schafft so „Untertanen", die keine Fragen stellen und ihrem Trott nachgehen. Man beschränkt sich auf sein Einkommen und lebt mit den Erfahrungen, die man im Leben gesammelt hat.

Unser finanzielles Know How wird zusammengestellt aus den Erfahrungen unserer Eltern und Vorbildern, von unseren Erfahrungen in der Berufsausbildung und aus einer guten Portion Straßenschlauheit. Die meisten lernen durch das Leben selbst. Erfahrungen machen, sammeln, unbewusst auswerten und somit Gewohnheiten anlegen.

Viele sind der Meinung, dass es auch nur so geht! Man lernt durch das Leben und durch die Erfahrungen, die man im Leben macht.

Da möchte ich auch nicht wiedersprechen, doch wenn man sich das Verhalten von Familien anschaut, die seit Generationen zur „Elite" oder zur vermögenden Gesellschaft gehören, stellt man fest, dass diese Familien ihren Sprösslingen eine gewisse finanzielle Bildung mit auf den Weg geben. Richtige finanzielle Bildung ist nicht gerade günstig – schaue Dich mal im Internet um, welche Finanzseminare Du belegen kannst. Dazu muss man schon einige Scheine auf den Tisch legen um sich ein bis zwei Tage berieseln zu lassen und am Ende kommt man sehr wahrscheinlich nicht in die Umsetzung, weil es zu umfangreich und zu komplex ist.

Die Weitergabe von Finanzwissen ist eine Art Insiderhandel. Warum haben Unternehmen, Großfamilien und bestimmte Kreise Wissen über Themen, die für uns Normalbürger als merkwürdig, vielleicht unseriös und moralisch nicht vertretbar gelten? Im November 2017 wurden die Paradise Papers veröffentlicht, ein Dokument in dem Beteiligungen von Firmen, Familien und vermögenden Privatpersonen weltweit unter die Lupe genommen wurden. Im Kern heißt es, dass dort nichts Illegales stattfand, um steuerliche Vorteile zu erlangen oder sein Kapital zu vermehren. Eher wurde die Frage der Moral gestellt: Ist es moralisch vertretbar, dass der Normalbürger keinen Plan davon hat, was da passiert?

Das – ist denke ich schon vertretbar, denn jeder hat es in der Hand, Wissen über unkonventionelle Investitionsmodelle oder Steueroptimierungsmodelle zu erlangen. Es ist eine Frage des Wollens und des Könnens. Der Tellerrand der meisten Anleger ist begrenzt auf Lebensversicherungen, Sparpläne und Aktienfonds. Investiert man in Aktien, gilt man schon als Zocker. Erlangt man mehr als 10% Rendite, gilt man als unseriös.

In keinem Land der Welt wird so unklug und übervorsichtig investiert wie in Deutschland.

Wie kommt das? Nur weil viele vor ein paar Jahren mit der Volksaktie der Telekom auf die Nase gefallen sind? Seit dem sind Fonds out und unpopulär. Seit der Finanzkrise in 2008 sind die Aktienmärkte wieder ein Tabuthema. Aber dass Aktien heute, zum Zeitpunkt wo dieses Buch entsteht, besser stehen als vor der Finanzkrise, scheint niemanden zu interessieren.

Hinzu kommt, dass diese Vorsicht aus einer Generation erwachsen ist, die noch in Nachkriegszeiten über die Runden kommen musste. Lieber den Spatz in der Hand, als die Taube auf dem Dach! Die Nachkriegsgenerationen haben es ihnen Kindern mitgegeben, und von deren Kindern und Kindeskindern haben wir heute unsere finanzielle Engstirnigkeit, mittelmäßiges Wissen und konservative Investitions-bereitschaft.

Zugegeben, die Paradise Papers sind nur ein Beispiel. Ein Beispiel dafür dass es Menschen gibt, die sich intensiv mit Geld beschäftigen und entsprechend erfolgreich damit umgehen. Die wenigsten geraten in Schlagzeilen, dass sie Pleite gegangen sind. Selbst wenn das passiert, rappeln sie sich auf und sind irgendwann wieder da, wo sie vorher waren. Donald Trump ist mehrmals insolvent gewesen, ist aber heute, dank seiner Bekanntheit und auch seines enormen Vermögens, Präsident der Vereinigten Staaten – der mächtigste Mann der Welt.

Finanzielle Bildung kann daher niemals schaden – im Gegenteil. Man kann auch nie genug davon mitbekommen. Es ändern sich lediglich die Sichtweisen und die Horizonte, und das ist gut so. Wenn man einmal über den Punkt der „normalen“ Investitions-möglichkeiten herausgewachsen ist, geht's erst richtig los.

Mir persönlich würde es schon reichen, wenn sich mehr Menschen mit der ganz banalen Grundbildung über Finanzen auseinander setzen. Daran scheitert ein erfolgreiches Leben oftmals. Wenn man nie richtig gelernt hat, mit Geld umzugehen, wie soll man es dann können?

Dabei ist es ganz leicht, die wesentlichen Kernelemente des Geldsystems zu verstehen und für sich anzuwenden. Es ist kein Hexenwerk oder geheimes Wissen. Es ist ganz banal und simpel, schon so einfach, dass es fast nicht mehr normal ist. Dadurch dass wir uns nicht trauen, jemanden zu fragen, wie viel er verdient und wie er mit Geld umgeht, lernen wir leider keine anderen Methoden kennen.

In meinem ersten Buch „Werte schaffen – Werte schützen“ und in meinen Seminaren zeige ich Methoden auf, wie Menschen ihre Grundkenntnisse festigen und wecken können. Oftmals höre ich, dass man vieles schon einmal gehört hat, und einiges so banal einfach ist, dass es schon fast unangenehm ist, sich einzugestehen, dass man daran selbst nicht regelmäßig denkt und sich dran hält.

Jeder entscheidet für sich grundsätzlich selbst, wie er mit Geld umgehen möchte und was sein Ziel mit Geld ist. „Nur über die Runden zu kommen“ kann auch ein Ziel sein, wenn das nicht von alleine klappt. Ich möchte keine Ratschläge erteilen, wie Du schnell, einfach und ohne Mühe reich werden wirst – das geht meiner Meinung nach nicht – sondern welche wesentlichen Themen Du kennen solltest, damit Geld nie zum Sorgenthema wird.

Was ist Wohlstand?

Wohlstand wird gemessen am Bruttoinlandsprodukt. Seit 1950 ist dieses in Deutschland steigend. Wir haben es geschafft, die Arbeitszeit von durchschnittlich 47 auf durchschnittlich 37 Stunden pro Woche zu verkürzen, wir haben im Schnitt 30 Tage Urlaub, 6 Wochen Lohnfortzahlung, Elternzeit und vieles mehr. Uns geht es doch ganz gut. Was wollen wir denn eigentlich? Viele Menschen behaupten dennoch, dass Wohlstand an Ihnen vorbei geht. Viele, die als „unterste soziale Schicht" angesehen werden, sind nicht wohlhabend. Im Vergleich zu armen Menschen in Afrika aber dann doch, oder?

Sie haben zumindest ein Dach über dem Kopf, zu essen, zu trinken. Kleidung. Luxusleben im Gegensatz zum Rest der Welt. Das wissen wir manchmal gar nicht zu schätzen. Und, verzeih mir wenn ich mich nun etwas weit aus dem Fenster lehne, nirgendwo gibt es so viele Chancen und Möglichkeiten, aus der Armut zu entkommen, wie hier in Deutschland. Vielleicht noch in den USA. Aber dort wird es Experten zu folge zunehmend schwerer, vom Tellerwäscher zum Millionär zu werden.

Es ist eine Frage der Einstellung, des Wollens und den Umsetzens. Aber, es ist möglich. Zig Beispiele von Menschen, die aus Hartz IV ausgebrochen sind und ihr Leben in die Reihe bekommen haben, bezeugen meine These. Die Annahme, wenn man einmal in Hartz IV gelandet ist, gibt es kein Entkommen mehr, kann ich nicht bestätigen. Gut, ich war Gott sei Dank noch nicht in dieser Situation, daher habe ich ja gut reden. Ich kenne aber einige, die diesen Schritt gepackt haben, weil sie ihren Hintern hoch bekommen und die Verantwortung nicht anderen überlassen haben.

Jeder definiert Wohlstand für sich selbst. Für den einen ist es wirklich das „über die Runden kommen", für den anderen ist es das Luxusleben auf mehreren Kontinenten. Wieder für andere ist es einfach auch nur für Dinge Zeit zu haben, die er liebt.

Umgangssprachlich ist jemand wohlhabend, wenn man materielle Dinge im Überfluss hat oder mehr Vermögen besitzt. Aber sind wir nicht alle wohlhabend?

Stelle Dir bitte die Frage, warum es Dir finanziell gutgehen muss? Male Dir aus, wie es ist, wenn Du nie wieder über Geld nachdenken musst. Was passiert dann mit Dir? Was würdest Du tun? Wer würdest Du sein. Wenn Du sagst, es soll alles so bleiben wie es ist, dann gratuliere ich Dir herzlich, dass Du es geschafft hast, so zu leben, wie Du es haben willst. Wenn da noch Luft nach oben ist, gehören Finanzen und Wohlstandsplanung auf jeden Fall mit auf Deine Agenda.

Deutschland ist eines der wohlhabendsten Länder der Welt. Wir haben es innerhalb von 70 Jahren geschafft, uns vom Weltvernichter zur Weltwirtschaftsnation zu entwickeln.

Weltweit fährt man mit unseren Autos, trägt unsere Kleidung, liest unsere Bücher und bewundert unsere Kunst, weltweit lernt man von unseren Forschungen, Ideen und Entdeckungen. Uns geht es sehr gut. Der Finanzguru Bodo Schäfer schrieb in einem seiner Bücher, dass Wohlstand unser Geburtsrecht wäre. Ich finde die Aussage unschön formuliert, aber im Grunde sollte es doch auch so sein, dass den Bürgern dieser Wirtschaftsmacht diese Macht entsprechend zu Gesicht steht. Wir haben nun einmal das Glück, in einem stabilen, friedlichen Land zu leben, ohne Angst haben zu müssen, dass der Clanchef aus dem Nachbardorf uns morgen überfällt. Wir sollten und müssen unsere Chancen, die uns gegeben wurden, nutzen, um für uns und vielleicht auch für unsere Nachfahren ein erfülltes Leben, welches von Wohlstand geprägt ist, zu führen.

Nutzen wir alle unsere Chancen, die uns gegeben sind? Nutzen wir all diese Errungenschaften, die ich bereits erwähnt habe (Elternzeit, Lohnfortzahlung etc.)? Natürlich nutzen wir diese durchaus bekannten und etablierten Systeme, unser Geld und unseren Wohlstand zu mehren und zu festigen. Einige nutzen auch staatliche Förderungen und Steuersparmodelle, wie die Riester- oder Rüruprente, legen ihr Kapital in Denkmalimmobilien an und sanieren diese mit einem enormen Steuervorteil – die zuletzt genannten sind im gesellschaftlichen Denken jedoch schon knapp über die Grenze des „normalen und alltäglichen" geschritten und siedeln nun im Exotenbereich.

Glaube mir, es gibt noch viele, viele Modelle, wie man zu Geld kommen kann, wenn man sich nur damit intensiv beschäftigt.

Ich möchte Dir ein paar Beispiele zeigen, die gar nicht weit weg oder extrem kompliziert gedacht sind.

Neulich hörte ich von einem jungen Mann, der auf die Idee kam, in Häusern, in denen viele Studenten wohnten, Snackautomaten aufzustellen. Er zahlte dem Hausbesitzer eine kleine Miete für den Platz und die Stromkosten, investierte in die entsprechenden Automaten und verdient nun Geld über die 2,00 € die im Durchschnitt 320 mal pro Tag in seine Automaten, die er in mehreren Städten verteilt hat, für Schokoriegel eingeworfen werden. 640,00 € Tageseinnahme, und gleichzeitig hat er einen normalen Job, mit dem er sein Leben bestreitet – ist doch ein netter Nebenverdienst, oder?

Von diesem Nebeneinkommen investiert er in Aktien, kauft Immobilien und generiert hierdurch einen stabilen, regelmäßigen Geldfluss, da er nicht übermäßig große Bankkredite bedienen muss – ein Leben lang, auch dann ohne Automaten.

Ein Freund von mir erzählte mir vor einigen Jahren, dass er, als Student wohlbemerkt, nebenher Bücher verkauft und damit 5-Stellige Umsätze erzielt – wie das? Als Buchhändler ohne Buchhandlung?

Er bietet Menschen, die Wohnungen auflösen oder Bücher zu verschenken haben, an, diese abzuholen – diese Menschen haben oftmals einfach nur den Wunsch, den Bücherberg loszuwerden. Mein Freund kommt dann zu ihnen und schleppt kistenweise Bücher weg – die Leute sind glücklich!

Nun bietet er die Bücher über Amazon für 0,01 € an – für einen Cent! Er hat einen Scanner, mit dem er die IBAN des Buches scannt und damit ist das Buch auf Amazon zum Verkauf angeboten. Kauft jemand für einen Cent sein Buch, muss er 3,01 € bezahlen – 3,00 € für Porto und Verpackung und den Cent für das Buch. Amazon überweist meinem Freund einen Betrag, ca. 2,70 € nach Abzug einer Gebühr und nun kann er für 1,00 € Portokosten für Büchersendungen und ein paar Cent Investition für den Briefumschlag, das Buch versenden.

Im großen Stil hat er das eine ganze Zeit durchgezogen, ein kleines Lager gemietet und war ständig am pendeln zwischen Post, Lager und neuen Zulieferern für neue Bücher – hin und wieder fischte er mir ein Exemplar raus, welches mich interessieren könnte und brachte es mir vorbei, wofür ich sehr dankbar bin, denn er hat das eine oder andere Schätzchen ausgegraben! Er kam zu dieser Zeit aus dem Lachen nicht mehr raus, immer, wenn man ihn sah, grinste er bis über beide Ohren – es war ein Fest, ihm über den Weg zu laufen und ihn erzählen zu hören, wie sein Oldtimer von der Buch-beladung in die Knie ging.

Ein anderer Freund von mir, bündelt sein Know How mit dem Know How und Beziehungsgeflecht von zwei Partnern, um im großen Stil Immobilien zu kaufen und zu sanieren. Die Bonität von drei erfolgreichen Unternehmern zusammen ist den Banken so viel wert, dass sie sämtliche Objekte, die gerne aus mehreren Einheiten, sogenannten Immobilienpaketen bestehen dürfen, mit Kusshand finanzieren und dass sie meinen Freund regelmäßig anrufen und nachfragen, ob er denn nicht wieder an einem weiteren Projekt arbeitet. Sowohl er als auch seine zwei Partner haben einen Job, der den größten Teil ihrer Zeit in Anspruch nimmt – das Immobiliengeschäft läuft nebenbei!

Wer kennt nicht einen, der einen kennt, der (vor allem früher) – nebenbei in seiner Freizeit Versicherungen verkauft hat an seine Freunde, Nachbarn, Arbeitskollegen und alle, die ihm über den Weg liefen? Als die EU die Zunft der Versicherungsmenschen noch nicht so dermaßen reglementiert hat, durfte jeder der wollte, Versicherungen verkaufen. Und die, die es auch mit System gemacht haben, eben weil sie Schnittstellen auf der Arbeit oder im Hobby genutzt haben, denen ging es immer etwas besser als dem Kollegen, der in seiner Freizeit nur aus dem Fenster geschaut hat. Er fuhr immer ein schickeres Auto, hatte immer die Wohnung oder das Haus im Topzustand und grinste immer in einer Tour. Bitte verstehe mich nicht falsch, ich finde es sehr gut und begrüßenswert, dass nicht mehr jeder Versicherungen verkaufen kann, sondern dass dies denjenigen Vorbehalten wird, die sich entsprechend regelmäßig aus- und weiterbilden. Mir ist auch bewusst, dass gerade einige aus diese Zeit das Image des Versicherungsmenschen geschwächt haben – aber es ging halt, warum sollte man das daher nicht genutzt haben?

Cash Flow

Andere Menschen überlegen sich Systeme, die, einmal installiert, laufen und laufen und regelmäßig für Cash-Flow sorgen. Cash Flow ist ein geflügeltes Wort geworden für eine Idee, die einmal zu Papier gebracht, automatisch Geld generiert.

Es herrscht hierzulande die Meinung, dass wenn man einmal eine Cash-Flow Maschine gebaut hat, dass diese dann auch anschließend automatisiert und ohne weitere Arbeit läuft und Geld produziert – einmal Arbeiten – danach nie wieder.

Das ist leider kompletter Blödsinn. Es gibt kein Modell, welches dauerhaft automatisiert läuft und Gewinne abwirft, ohne dass man dafür etwas tun muss – zumindest in einer Form, dass man davon leben könnte. Jede Form von Cash Flow Maschine muss erdacht, gebaut und dann vor allen Dingen weiter mit Energie beliefert werden. Hörst Du damit auf, versiegt die Quelle. Du musst immer weiter im Gespräch bleiben, Kunden und Interessenten gewinnen, Onlinekontakte aufbauen. Reichweite erzeugen, in den Medien bleiben – von alleine passiert das nicht. Es geht schlicht und ergreifend nicht. Du kannst die schönste Idee haben, wenn sie keiner kennt, nützt Dir das gar nichts. Mache Dir bewusst, dass wenn Du über Cash Flow nachdenkst, es auch bedeutet, sich dauerhaft drum zu kümmern.

Ursprünglich ist Cash Flow ein Index aus der Wirtschaft, der besagt, ob ein Unternehmen erfolgreich wirtschaftet oder eben nicht. Gibt ein Unternehmen mehr aus als es einnimmt, hat es negativen Cash Flow. Nimmt man mehr ein, als man ausgibt, ergibt dieses Verhalten einen positiven Cash Flow. Natürlich ist dies auch auf den privaten Haushalt anzuwenden, mit dem

Unterschied, dass negativer Cash Flow sich selten mit in den Bilanzen ausgewiesenen Rückstellungen ausgleichen kann, sondern zu unangenehmen Folgen wie Depression, Ehekrisen und sogar Selbstmorden führen kann.

Man darf einfach nicht mehr ausgeben als man einnimmt. Ganz banal, meinst Du? Richtig, ist es auch. Nur wie viele Menschen geben denn mehr aus, als sie einnehmen und haben das Konto ständig im Minus? Da wieder herauszukommen ist extrem schwer, das kann ich Dir aus eigener Erfahrung berichten. Wenn einmal was schiefläuft, läuft noch mehr schief. Dann diszipliniert zu bleiben ist harte Arbeit – aber es geht und mit viel Fleiß und Energie kann man diese Löcher auf Dauer schließend und wieder zum positiven Cash Flow übergehen, ohne dass man einen Therapeuten konsultieren, Medikamente nehmen, seine Familie verlassen oder sich die Kugel geben muss.

Deine eigene Einstellung ist entscheidend

Dieser Kampf wird zwischen den Ohren geführt. Einzig Deine Einstellung zu Geld und zum Leben ist es, die Dich an dieser Herausforderung scheitern lässt. Wenn Dir in die Wiege gelegt wurde, dass man „über die Runden kommen muss", ist es schwer, über den Tellerrand hinauszublicken. Wenn Du selbst miterleben musstest, wie Deine Eltern sich über Geld, schlechte Kontostände und nicht bezahlte Rechnungen am Küchentisch unterhielten oder sogar stritten, wie sollst Du dann wissen, wie es richtig geht? Aber Du weist auf jeden Fall, das Geld etwas ist, was nicht gut sein kann, wenn es solche Sorgen und Ängste mit sich bringt.

Mit Geld können Kriege geführt, aber auch Krankenhäuser gebaut werden. Der Blickwinkel ist entscheidend. Was denkst Du denn überhaupt über Geld?

Wenn Du glaubst oder davon überzeugt bist, das reiche Leute ihr Vermögen nur erhalten haben, weil sie jemand anderes ausgebeutet haben, das wohlhabende Menschen Charakter-Arschlöcher sind, wenn Du denkst und fest daran glaubst, dass Geld den Charakter verdirbt, arrogant macht, das Geld die Wurzel allen Übels ist, stinkt und man auch nie drüber spricht - dann wird es Dir auch leider nicht gelingen, dass Geld zur einer verbündeten Macht in Deinem Leben wird – und das muss es sein, sonst läuft das Leben nicht rund.

Wenn Du aber davon überzeugt bist, dass mit Geld vieles einfacher ist, dass Du mit Geld Dich und andern etwas Gutes tun kannst, dass es Leid mildern kann, dass Du Dein Geld wert bist, dass Du ein gutes Händchen mit Geld hast, wenn Du dran glaubst, dass derjenige, der viel gibt auch viel bekommt - dann wird Geld Dein Freund, der Dich so schnell nicht im Stich lässt, wenn Du ihn vernünftig gepflegt hast.

Alles beginnt im Kopf. Ein Beispiel. Hast Du schon einmal gedacht: Das kann ich mir nicht leisten. Das ist zunächst erst einmal eine Feststellung. Der Punkt hinter dem Satz ist das Bittere daran. Mit diesem Punkt gibst Du Deinem Gehirn zu verstehen, dass das so ist. Punkt. Aus. Ein Fakt. Die Folge ist, dass das Gehirn daraufhin die Arbeit einstellt.

Wenn Du diesen Satz jedoch ein wenig umformulierst und Dich fragst: Wie kann ich mir das leisten? veränderst Du die Programmierung in Deinem Gehirn, es beginnt zu arbeiten, da Du eine Frage gestellt hast und es nun für Dich nach einer Antwort sucht.

Wenn es etwas gibt, was man seinen Kindern über Geld beibringen sollte, ist es die Weisheit, dass Geld eine verbündete Macht im Leben ist, ein Freund – ein ständiger Wegbegleiter. Denke Gutes über Deinen Freund, dann wird er Dich auch nicht im Stich lassen. Bedenke bitte, dass was Du über Geld denkst, das wird auch Dein Schicksal. Denke daran, dass für die Einstellung über Geld nur Du selbst verantwortlich bist. Für Deine Finanzen bist Du verantwortlich, kein anderer, nicht Dein Chef, nicht Dein Partner, nicht Deine Erziehung, nicht Deine Eltern, sondern nur Du.

Ich möchte Dir im Folgenden 10 Impulse geben, wie Du den Lebenswert Finanzen in den Griff bekommst:

Impuls 1: Festige Deine finanzielle Grundbildung

Kennst Du die wichtigsten Begriffe der Finanzwelt, die banalsten Techniken und Grundgesetze? Hast Du einen korrekten Überblick über Deine derzeitige finanzielle Situation?

Wie ich bereits erwähnte, kann man Unmengen an Geld für finanzielle Bildung ausgeben, damit Geld nie zum Sorgenthema wird. Ich habe das getan und mir eine Vielzahl von Seminaren und Kursen angeschaut, aufgesogen und umgesetzt mit dem Resultat, dass ich mit Anfang 30 dort stand, wo andere ihr Leben lang nicht hinkommen. Ich möchte damit nicht auf den Putz hauen, dazu bin ich ein viel zu bescheidener Mensch, aber ich möchte Dir verdeutlichen, dass ich es durch die Arbeit an mir selbst es geschafft habe, mich finanziell auf Ebenen zu heben, von denen die meisten in meinem Alter träumen.

Dieses elementare Grundwissen habe ich für Dich zusammengestellt, in Form meines Buches „Werte schaffen – Werte schützen", in dem ich ausführlich über finanzielles Grundwissen geschrieben habe.

Seit 2015 halte ich Seminare über den Umgang mit Geld. Die wesentlichen Kernthemen findest Du entsprechend dem Seminar aufgebaut in meinem Fernstudium, welches ich Dir im Folgenden etwas näher bringen möchte.

Es handelt sich um ein Arbeitsbuch mit dem Titel „Finanzschule" und um eine Onlineplattform, die eine Videosammlung mit den Kernthemen meines Erfolgs-seminares „Gute Noten – vom Leben keine Ahnung" beinhaltet. Mit dem Buch erhältst Du eine schriftliche Schritt für Schritt Anleitung, wie Du vorgehen solltest, wenn Du Deine Finanzen in den Griff bekommen oder sie optimieren möchtest.

Dieses Fernstudium ersetzt zwar nicht das Live-Seminar, nur kannst Du sofort ins umsetzen kommen. Im Live Seminar, welches nur ein paar Male im Jahr stattfindet, hat man die Möglichkeit Fragen zu stellen und sich konkret auszutauschen. Mit dem Fernstudium arbeitest Du für Dich allein, was vielleicht am Anfang auch angenehmer sein wird.

Unter www.der-wertebotschafter.de/buchvorteil kannst Du Dir das Buch bestellen mit dem finanziellen Grundwissen starten: Nur auf diesem Link erhältst Du das Buch und den Onlinekurs für nur 19,90 € anstatt für 29,90 € und kannst anschließend auf 20 kurzweilige Themenvideos und einem 92 seitigen Workbook mit Tabellen, Übungen und persönlichen Aufzeichnungsmöglichkeiten starten, um Dein Know How zu optimieren.

Nutze dieses effektive und effiziente Training, um Deine finanziellen Grundbedürfnisse aufzufrischen, aufzubauen und neu zu justieren – es lohnt sich. Du kannst Dir die Lektüre und Kosten von ca. 15 Finanz-Best-Sellern und Seminaren sparen – ich habe für Dich (und für mich natürlich auch) diese gelesen und besucht, die Quintessenz für Dich herausgefiltert und in diesen Kurs gesteckt! Die Weisheiten, Regeln und Ideen sind natürlich nicht von mir selbst, sondern aus verschiedenen Quellen zusammengetragen. Die Gesetze des Geldes sind so alt wie das Geld selbst. Aber ich verspreche Dir, es funktioniert! Du wirst mit diesem Kurs ein perfektes Basis-Grundwissen haben.

Impuls 2: Suche einen Finanzpartner

Mit einem Finanzpartner ist gemeint, dass Du nach Möglichkeit jemanden kennen solltest, den Du magst, der Dir sympathisch ist und der auf dem gleichen Weg ist wie Du. Wenn Du Deine Finanzen in den Griff bekommen oder verbessern möchtest suche nach Leuten, die das gleiche Ziel haben.

Springe über Deinen Schatten und spreche aktiv Leute an, die Du kennst und wertschätzt, ob ihr gemeinsam an dem Thema arbeiten wollt. Gemeinsam ist es viel einfacher, leichter und macht mehr Freude an einem lebenswichtigen Thema zu arbeiten und sich auszutauschen. Mache es Dir zur Aufgabe, einen Sparringpartner zu finden. Unterstützt Euch, baut Euch gegenseitig auf. Nutze diese Verbindung nicht, um selbst finanziellen Profit aus der Zusammenarbeit zu erwirken, sondern stelle sicher, dass ehrliche Informationen ausgetauscht werden – mehr nicht. Lügt Euch nicht in die Tasche, um gut dazustehen, sondern seid offen und ehrlich. Gebt zu, wenn etwas nicht läuft und freut Euch gemeinsam, wenn einer von Euch das Rad neu erfunden hat.

Impuls 3: Nimm Dir Zeit

Große Familien, Dynastien, Königshäuser und die oberen 10% der Bevölkerung haben es in der Regel auch nicht vom einen auf den anderen Tag geschafft, vermögend und wohlhabend zu werden. Es muss nicht sofort sein, der Weg ist das Ziel. Nimm Dir die Zeit, zu lernen und zu wachsen. Das Lernen hört nie auf, Du bekommst, wenn Du einmal im Thema bist, ständig neuen Input, Ideen und viele Chancen, etwas Neues kennenzulernen und auszuprobieren.

Nimm Dir die Zeit, die Du brauchst, lassen Dich sich von niemandem hetzen. Du tust dieses ausschließlich für Dich, weil Du derjenige bist, der die Verantwortung für sich selbst übernommen hat.

Wenn Du pro Woche nur eine Stunde Zeit investierst um über Geld und über Deine Geschäfte nachzudenken, tust Du mehr, als 99% Deiner Mitmenschen tun. Erwarte bitte niemals, egal was Du unternimmst oder was man Dir verspricht, den schnellen Reichtum – der ist meistens genauso schnell wieder weg.

Lasse Dir lieber Zeit, bevor Du Dich auf dubiose Deals einlässt, die an der Grenze der Legalität entlanglaufen. Kurzfristiger Reichtum und Wohlstand ist wörtlich gemeint, so kurzfristig wie er gekommen ist, genau so kurz-fristig ist er auch, er ist befristet, und das recht kurz. Also Finger weg von krummen Dingern.

Wir überschätzen uns, was wir in einer Woche alles erledigen können aber unterschätzen uns, wenn wir ein ganzes Jahr zur Verfügung haben.

Gönne Dir hin und wieder auch mal eine Pause, um Abstand zu bekommen, auch um Chancen zu sehen, die vorher nicht einfach zu erkennen waren.

Mache das Thema Geld zu einem festen Termin im Kalender! Nimm Deinen Kalender zur Hand und trage von heute an gerechnet in 3 Monaten einen festen Termin für 2 Stunden ein: Finanzplanung! In diesen zwei Stunden stellst Du Dir folgende Fragen:

Was habe ich in den letzten 3 Monaten:

- über Geld gelernt?
- welche Gewohnheiten geändert oder verbessert?
- welche Literatur gelesen?
- auf welche Ideen bin ich gekommen?
- habe ich diese umgesetzt?

Dann schaue Dir Deine Finanzplanung an und checke die Lage, ob Du auf dem richtigen Weg bist. Wo gibt es Abweichungen und wo bist Du vielleicht komplett vom Weg abgekommen?

Nach diesem Termin mit Dir selbst machst Du im Abstand von 3 Monaten den nächsten Termin und stellst Dich den gleichen Fragen, dann in 3 Monaten erneut. Immer wieder, einmal im Quartal, sollte jeder 2 Stunden am Stück aufbringen können um einen Status Quo über seine Finanzen, Ideen und Projekte zu erheben – ganz nebenbei fördert das auch das Selbstbewusstsein, denn wer seine Finanzen geordnet hat, hat sich selbst geordnet!

Impuls 4: Nebenerwerb

Wohlhabend werden funktioniert durch die Zauberformel:

Ausgaben senken + Einnahmen erhöhen + Überschuss behalten

Wie man seine Ausgaben in den Griff bekommt, budgetiert und senken kann, kannst Du in meinem Fernstudium erfahren. Wenn Du einen Beruf hast, der Dich hoffentlich erfüllt und der Dir Spaß macht, kannst Du Dir, um mehr Geld zu bekommen, einen Nebenerwerb zulegen.

Und ich meine damit jetzt nicht, dass Du Dir noch einen Minijob suchen sollst, um irgendwo putzen zu gehen oder irgendwo Büroklamotten abzuheften, obwohl das eine Option ist.

Robert T. Kiyosaki, der Autor des lesenswerten Buches „Rich Dad – Poor Dad" schrieb: Die meisten Menschen haben zwar einen Job, aber keiner kümmert sich um seine Geschäfte. Was meint er damit?

Die meisten Menschen haben einen Job - im Idealfall macht der wie gesagt auch noch Spaß, manchmal aber auch nicht, dann gehen sie nach Hause und schalten ab. Da liegt das Problem. Gut, ich weiß, dass nach der Arbeit viele auch zu platt sind, um im Anschluss noch etwas zu tun.

Aber was ist denn, wenn Du nach der Arbeit noch etwas nebenher was tun kannst, worauf Du richtig Laune hast, wofür Du brennen kannst? Etwas, was Du theoretisch nicht tun musst, denn Du hast noch Deinen Hauptjob mit dem Du „über die Runden" kommst, sondern was Du tun *darfst*?

Wenn da auch noch Geld bei herauskommt, das wäre doch nicht schlecht, oder?

Man kann sich selbst als Unternehmen sehen. Einen Teil seiner Zeit gibt man an ein anderes Unternehmen weiter und erzielt damit ein Einkommen als Angestellter. Doch was ist mit der übrigen Zeit? In den meisten Fällen verplämpern wir unsere Zeit mit fernsehen, stundelanges Telefonieren usw. Aber wenn man es schafft in vier bis fünf Stunden pro Woche eine Tätigkeit zu finden, die einem Freude, Erfüllung und auch noch Einkommen bringt und man dieses Einkommen nutzen kann, um die eigenen Geschäfte zu verbessern, dann ist man auf dem richtigen Weg.

Mit Geschäften ist vor allen Dingen gemeint, dass Du drüber nachdenken musst, wie Du nicht für Geld arbeiten, sondern wie Dein Geld für Dich arbeiten kann. Zeit gegen Geld zu tauschen, ist nur eine von vielen Optionen, die wir haben.

Jedoch ist diese in unserer Gesellschaft die gängigste die wir haben. Wenn wir über Stundensätze, Mindestlohn, etc. reden, ist dies die Option, die unser System und unsere Ausbildung lehrt. Tausche Deine wertvolle Zeit und Du bekommst Geld dafür. Doch drehe den Spieß mal um, wie wäre es, wenn Du unabhängig von Deiner Zeit Dein Geld vermehren könntest. Das können z.B. Empfehlungsgeschäfte sein, Tippgeberprovision, Online-Unternehmen, Zinseinnahmen, An- und Verkauf von Dingen, die Du mit Deinem Hobby verbinden kannst u.v.m. – das sind unter anderem Cash-Flow-Maschinen! Das sind Deine Geschäfte. Denke auch nochmal an die Vorstellung des Süßkramautomatenvermieters! Der hatte seine Geschäfte – nebenher – im Griff.

Eine weitere Möglichkeit für einen Nebenerwerb möchte ich Dir noch vorstellen: Empfehlungsmarketing!

Eine sinnerfüllende Tätigkeit ohne eigene Investitionen, neue Ausbildungen, Risiken, Erfolgsdruck, Zeitvorgaben, Personalmanagement, Buchführung, Papierkram und Stress findest Du unter:

www.der-wertebotschafter.de/cashflow

Impuls 5: Lasse Dir helfen

Wenn Du Deinen Körper trimmen willst, gehst Du ins Fitnessstudio oder buchst Stunden bei einem Personal Trainer. Deine Steuern macht ein Steuerberater. Vor Gericht kämpft ein Rechtsanwalt für Deine Rechte. An der Uni hast Du einen Professor der den Weg weist. Im Gartencenter fragst Du den Profi, wie Du den größten Erfolg im Umgang mit Deinen Pflanzen hast. Im Baumarkt ebenso. Im Fernsehen lässt Du Dich von Profiköchen inspirieren. Dein Versicherungsmann kümmert sich um Deine Versicherungen. Im Urlaub läufst Du der Stadtführerin hinterher. Einem KFZ Meister vertraust Du Dein Auto an, Dein Dachdecker kümmert sich um Dein Dach. Der Heizungsinstallateur sorgt für Wärme zu Hause. Wenn Du Dich beruflich weiterbilden willst, besuchst Du Seminare und

Lehrgänge. Wenn Du eine Feier ausrichten willst, sorgt ein DJ für die Stimmung. Wenn Du Hochzeit hältst, vertraust Du einem Fotografen, dass der schönste Tag im Leben auf tollen, emotionalen Bildern festgehalten wird, die der Schwiegermutter Tränen in die Augen treibt (wegen der Emotionen natürlich...). Für das Seelenheil sorgt ein Geistlicher. Was Dein Arzt Dir rät, nimmst Du in der Regel ohne zu hinterfragen an. Wenn der Apotheker sagt, bitte dreimal täglich – dann nimmst Du es nicht viermal täglich.

Du hast bereits ein effizientes Team von Profis, die Dich bei den alltäglichen Dingen des Lebens helfen, beraten und zur Seite stehen. Doch beim Geld hat kaum jemand ein Profi an seiner Seite, von Anlageberatungen einmal angesehen. Keiner hat einen Coach an seiner Seite, der ihm bei der Finanzplanung konkret zur Seite steht.

Ausnahmen gibt es: Diejenigen, die im Prinzip schon genug haben, haben ganze Family Offices damit beauftragt, diesen Job zu übernehmen. Warum nicht also auch Du?

Lasse Dir helfen bei Deiner persönlichen Finanzplanung und mit dem Umgang mit Geld.

Impuls 6: Riskiere mal etwas – raus aus der Komfortzone

Sei mutig! Sobald Dein Grundwissen perfekt ist, sobald Dein Team aus Spezialisten steht, mit denen Du Dich austauschen kannst, ist es an der Zeit, langsam in die Vollen zu greifen. Dazu gehört Mut. Wage etwas! Mache etwas, was sonst in Deinem

Umfeld keiner macht. Nicht zu 100%, aber einen Teil Deiner Investitionen sollte mutig und entschlossen angegangen werden. Die Gefahr am mutig sein ist, dass man auch mal verlieren kann, also setze nicht alles auf eine Karte! Beschäftige Dich mit Dingen, die nicht alltäglich sind, wie zum Beispiel:

- Mikrofinanzierungen für Menschen in Entwicklungsländern
- Beteiligungen an Hotelanlagen
- Kauf von Anteilen von Start Up Unternehmen vor dem Börsengang
- Investieren in Day-Tradern
- Investitionen in Geschäftsmodelle

Es gibt so viele Dinge, von denen der „Normalbürger" keine Ahnung hat, weil es eben Zeit und Aufwand bedeutet, sich über diese Dinge zu informieren und es Mut braucht, in solche Geschäfte zu investieren – aber nur so kommt man einen Schritt weiter als eben der „Normalbürger". Es ist halt einfacher und gemütlicher, jeden Monat 100 Euro auf ein Sparbuch zu packen und zu wissen, es ist was da, wenn man es braucht – aber kommt man damit voran?

Nein, im Gegenteil! Du schadest Deinem Vermögen in dieser Form. Verlasse Deine Komfortzone, also der Bereich, in dem Du Dich rundum wohl und geborgen fühlst, denn nur hier, außerhalb der Komfortzone, kann man wachsen!

Impuls 7: Suche Dir Vorbilder

Kennst Du das noch von früher? Als Kinder und Jugendliche hatte man Vorbilder, Idole. Das konnten Musiker oder Sportler sein. Richtige Fans reisen ihren Idolen hinterher und himmeln sie an – so meinte ich das nun nicht, aber was spricht denn dagegen, sich auch als Erwachsene Vorbilder „zu halten“? Nichts.

Wem schadet es, wenn Du Dir bestimmte Menschen zum Vorbild nimmst, die bereits dort angekommen sind, wo Du hinwillst? Niemanden, Dir nicht und den entsprechenden Menschen auch nicht. Schau Dich um, wer könnte Dein Vorbild im Thema Geld sein? Bestimmte Manager, Adelige die ihr Geld schon seit Jahrhunderten bewahren, Familienunternehmer oder aber auch einfach der Nachbar, der alles vernünftig im Griff hat?

Übrigens, weißt Du was passiert, wenn Du versuchst, mit diesen Menschen in Kontakt zu treten und sie zu fragen, wie sie das gemacht haben? Es gibt zwei Optionen: Erstens: derjenige verrät es Dir!

Zweitens: Entweder reagiert er nicht oder antwortet, dass er es nicht verraten will.

Im ersten Fall gewinnst Du viele Erkenntnisse, im zweiten Fall passiert nichts, Du bist genauso schlau wie vorher und mehr nicht. Also, was soll passieren. Im Idealfall lernst Du und sonst passiert nichts. Das Ergebnis wäre das gleiche, wenn Du nicht gefragt hättest. Du kannst nur gewinnen.

Vorbilder und Idole können motivierend und begeisternd sein. Doch auch hier sei mir der Hinweis gestattet, dass vielleicht nicht Der Pate Dein Vorbild sein sollte. Halte Dich an diejenigen, die auf ehrliche Weise, mit harter Arbeit vermögend geworden sind.

Impuls 8: Lese Fachliteratur aus erster Hand

Wenn Du mit Profis zusammenarbeitest, werden Empfehlungen an Dich herangetragen – und das ist auch gut so. Doch kann es gewiss nicht schaden, wenn Du Dir über einige Themen eine eigene Meinung bildest oder eigene Vorschläge und Strategien, Ideen mit Deinen Profis besprichst. Im gut sortierten Buch- und Zeitschriftenhandel findest Du viele Fachzeitschriften, die Dich sehr einfach an die Hand nehmen um Dir die Welt der Finanzen etwas schmackhafter zu machen. Besorge Dir mal ein paar Exemplare – jedoch Vorsicht: nicht sofort alles abonnieren! Das wird meistens zur Geldverschwendung, da nach ein paar Ausgaben das Interesse meistens verflogen ist. Kaufe Dir bewusst solche Literatur und Publikationen, wenn Du Lust dazu hast und vor allem, wenn Du Zeit dafür hast, es auch zu lesen und damit zu arbeiten.

Wenn Du 5 Zeitschriften im Abo hast, wirst Du geflutet mit Infos, die Du niemals nichtig verarbeiten kannst. Die Zeitschriften plöntern Dir die Bude voll, weil Du sie ja „später mal lesen wirst“ – ich verspreche Dir, wenn Du eine Finanzzeitschrift drei Monate nach Erscheinung liest, ist sie alles andere als aktuell – das ist keine Homestory von Promis, sondern hier geht es um nichts geringeres als um Geld.

Sei auch immer up to Date – Nichts ist schlimmer als veraltetes Wissen und Ideen. Wer heute die sogenannten Drei-Länder-Fonds kaufen möchte, der ist selber schuld.

Impuls 9: Hilf anderen

Weißt Du, wie Du Dein Wissen am besten in die Praxis umsetzen kannst? In dem Du es weitergibst.

Ermutige Dein Umfeld, sich auch mit dem Thema Geld intensiver zu beschäftigen und tausche Dich aus. Erzähle Deinen Mitmenschen, was Du gelesen, ausprobiert und getestet hast. Lasse andere an Deinen erfolgreichen Ideen teilhaben.

Wenn Du andere Menschen dabei unterstützt, mit Geld vernünftig umzugehen, wirst Du es selbst für Dich richtig machen. In dem Du das, was Dich beschäftigt, weitergibst, verarbeitest Du die Themen nochmals für sich selbst, aber in einer ganz anderen Weise. Diese Art der Aufarbeitung geht intensiv in Dein Unterbewusstsein über, wo es verankert wird und nie wieder weggeht.

Tue Dir sich selbst etwas Gutes – rede darüber. Auch ich freue mich, wenn Du mir mitteilst, was Du umgesetzt hast! Andere werden es auch tun. Versprochen!

Impuls 10

Zum Schluss ein kleiner Trick für ein zusätzliches Sparpotential:

Nehme sämtliche 5 Euro-Scheine, die Du in die Finger bekommst, aus Deinem persönlichen Geldverkehr raus und stecke sie ins Sparschwein. Egal ob Du Wechselgeld bekommst oder aus dem Automaten 5 Euro-Scheine ziehst, diese 5 Euro-Scheine existieren nicht mehr für Dein Ausgabeverhalten. Packe sie im Portemonnaie in ein separates Fach und sobald Du zu Hause bist, ab ins Schwein damit.

Das Schwein wird einmal im Monat geschlachtet und das Geld zur Bank gebracht und dann investiert – es wird nicht auf dem Kopf gehauen. Man wird wohlhabend durch das Geld, welches man behält und nicht durch das, welches man verjubelt.

Mit diesem kleinen Lifehack hast Du die Chance, viel mehr Geld einzusparen, als wie Du im Moment vielleicht meinst.

Zum guten Schluss

Nun, ich hoffe, dass meine 10 Impulse Dir helfen und Dich motivieren, Dich mit Thema Geld etwas näher zu befassen. Ich möchte an dieser Stelle nochmals auf den ersten Impuls eingehen, da die anderen 9 die Nummer 1 zur Grundvoraussetzung haben. Mache Dich fit in finanzieller Grundbildung. Egal wie. Nutze gerne meinen Kurs, meine Seminare oder mein Buch „Werte schaffen – Werte schützen", schaue Dich im Internet und auf Youtube um.

Du wirst sehen, es gibt ein riesen großes Angebot, sich mit Geld zu beschäftigen. Achte sorgsam darauf, dass Du nicht auf Scharlatane hereinfällst und bleibe neuen Ideen aufgeschlossen – egal wo, egal was, irgendwas nimmt man immer mit.

In diesem Sinne, viel Erfolg bei der Umsetzung Deines Lebenswertes Finanzen

Stefan Vahldieck, Jahrgang 1982, ist waschechter Bochumer, verheiratet und hat zwei Söhne.

www.der-wertebotschafter.de
dialog@der-wertebotschafter.de

Finanzcoach, privater Immobilienunternehmer, Buchautor, Versicherungskaufmann, Investmentberater, Verleger und Keynote-Speaker.

Inhaber der ältesten Generalagentur der DEVK Versicherung, seit drei Generationen im Familienbesitz seit Gründung 1968

Mitglied im Finanzkompetenznetzwerk Nordrhein-Westfalen und der German Speaker Association.

Der Besuch von zahlreichen Seminaren von namhaften Rednern und Coaches verschafft ihm einen großen Blick über den Tellerrand. Zu seinen Mentoren gehören u.a. Karl-Werner Schmitz, Alexander Hartmann und John Strelecky. Weg aus der Enge einer normalen Versicherungsagentur reist er für seine Kunden und Auftraggeber durch Deutschland und coacht Auszubildende und Berufsanfänger in Sachen Geld und Finanzen. Seine Agentur ist seit Jahren bekannt für innovative Serviceideen.

2016 erschien sein Buch „Werte schaffen – Werte schützen“, welches die wesentlichen Kernthemen Finanzen, Geld und Versicherungen beleuchtet und geht auf Werte ein, die heute für uns selbstverständlich sind und daher nicht mehr auffallen.

Anfang 2018 veröffentlichte er mit der Finanzschule ein System, welches hilft, intensiv die eigenen Finanzen zu planen, zu organisieren und die elementaren Grundkenntnisse über Geld zu vertiefen

Des Weiteren ist er Initiator des Projektes „Schul-Geld-paten“.

In seiner Freizeit ist er im Vorstand der Bochumer Maiabendgesellschaft aktiv und Gründungsmitglied der Reenactmentgruppe „Stadtwache Bochum 1388“, in der er 2010 sein Autorendebüt mit der Publikation „Spurensuche vor Ort – Bochum im Spätmittelalter“ zusammen mit Bodo Prekel erlebte.

Ansonsten verbringt er gerne Zeit mit seiner Familie und mit seinen Freunden, beschäftigt sich im Garten oder mit Zinnsoldaten und betreibt Yoga. An der Lübecker Bucht findet er regelmäßig Zeit zum ausspannen und auftanken. Hier entstehen die meisten Ideen, um Menschen den Umgang mit Geld zu vereinfachen. Als Freund des Kinderhospizdienst Ruhrgebiet e.V. unterstützt Stefan Vahldieck die wertvolle Arbeit mit unheilbar erkrankten Kindern und spendet einen Teil jedes Medien- und Auftragsumsatz an diese Institution.

Vorträge, Workshops und Termine der vier Autoren findest Du unter:

www.dasviermalvierdeslebens.de

Notizen

Notizen

Notizen

Notizen

Notizen